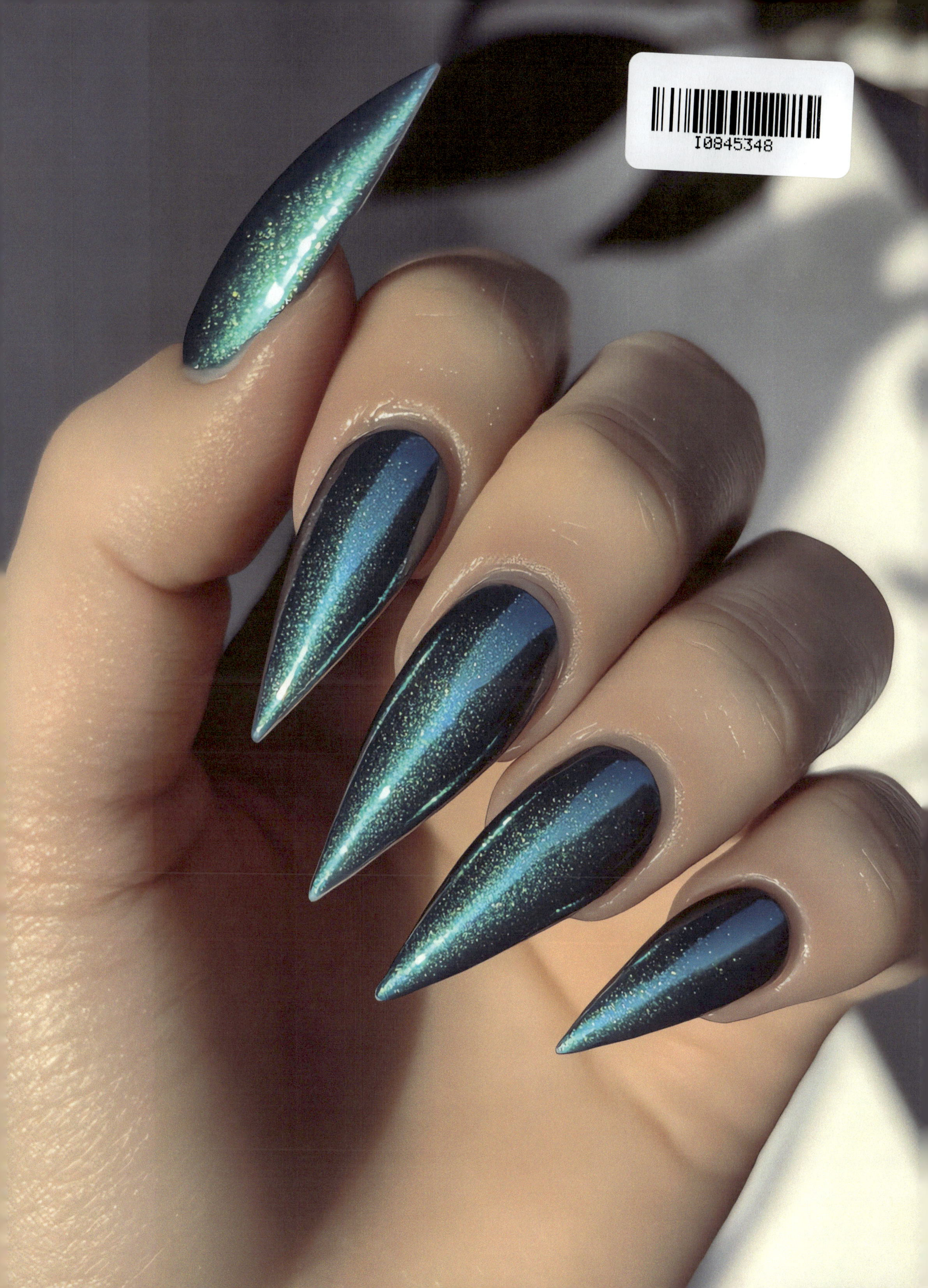

I0845348

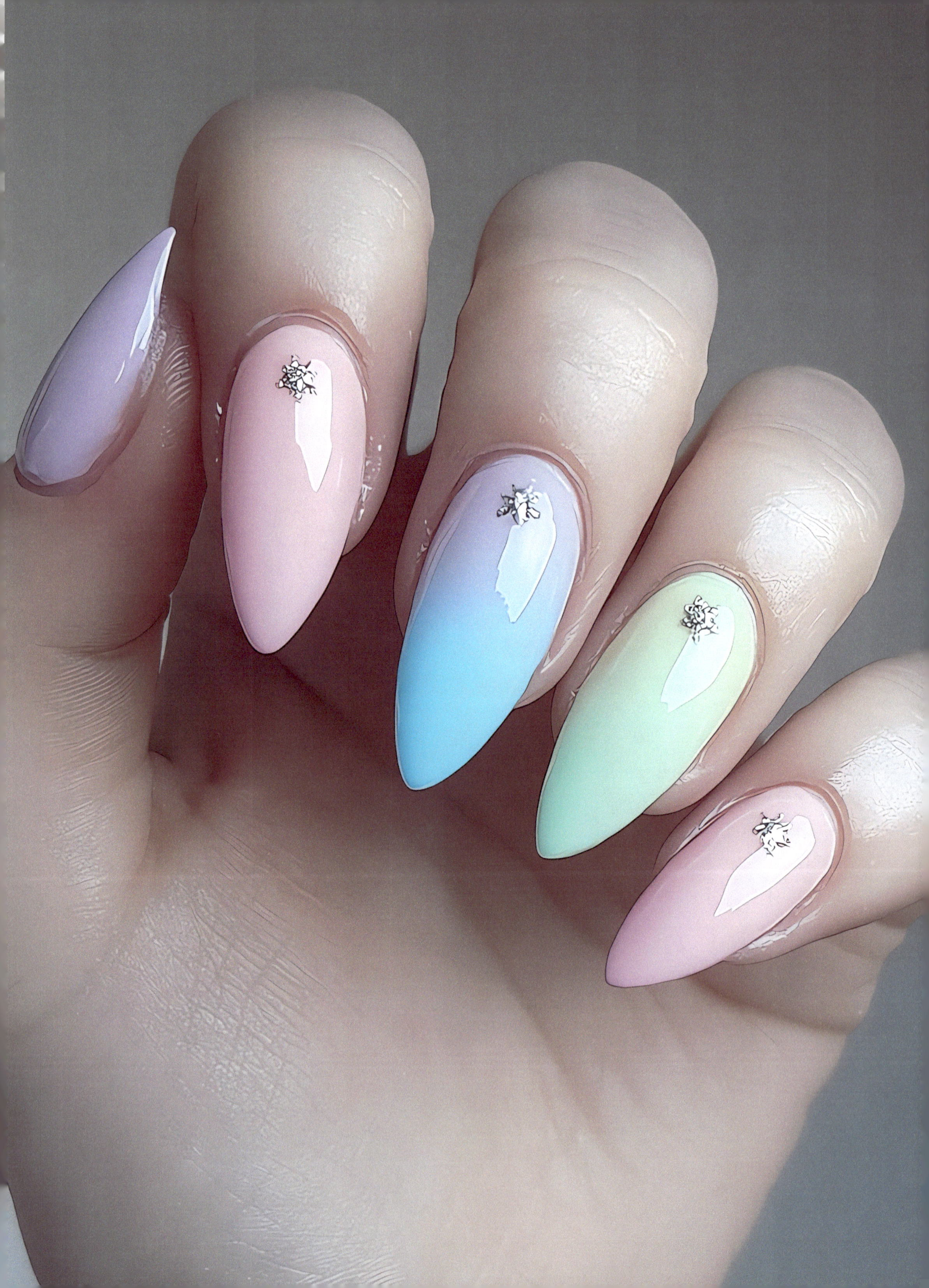

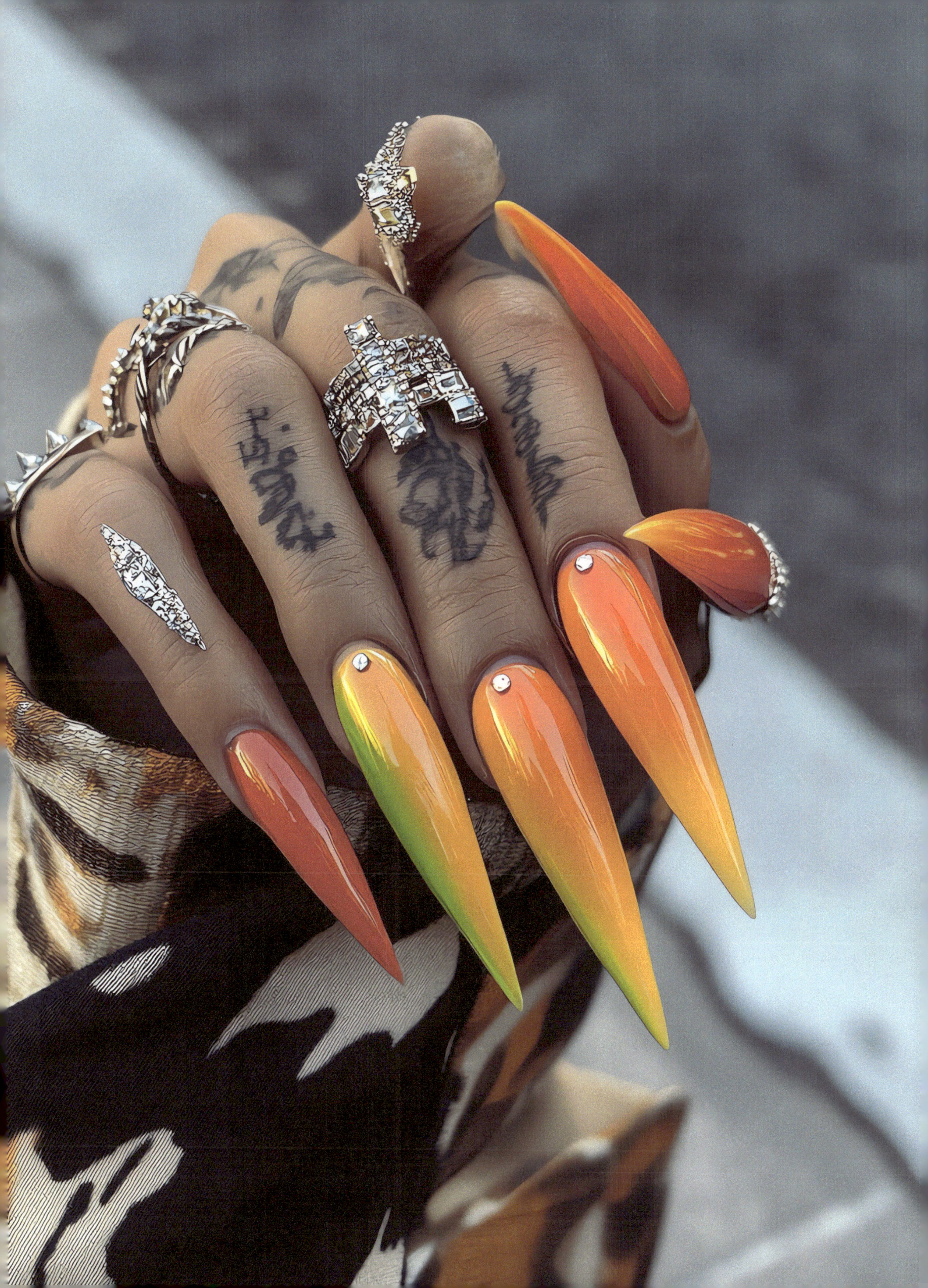

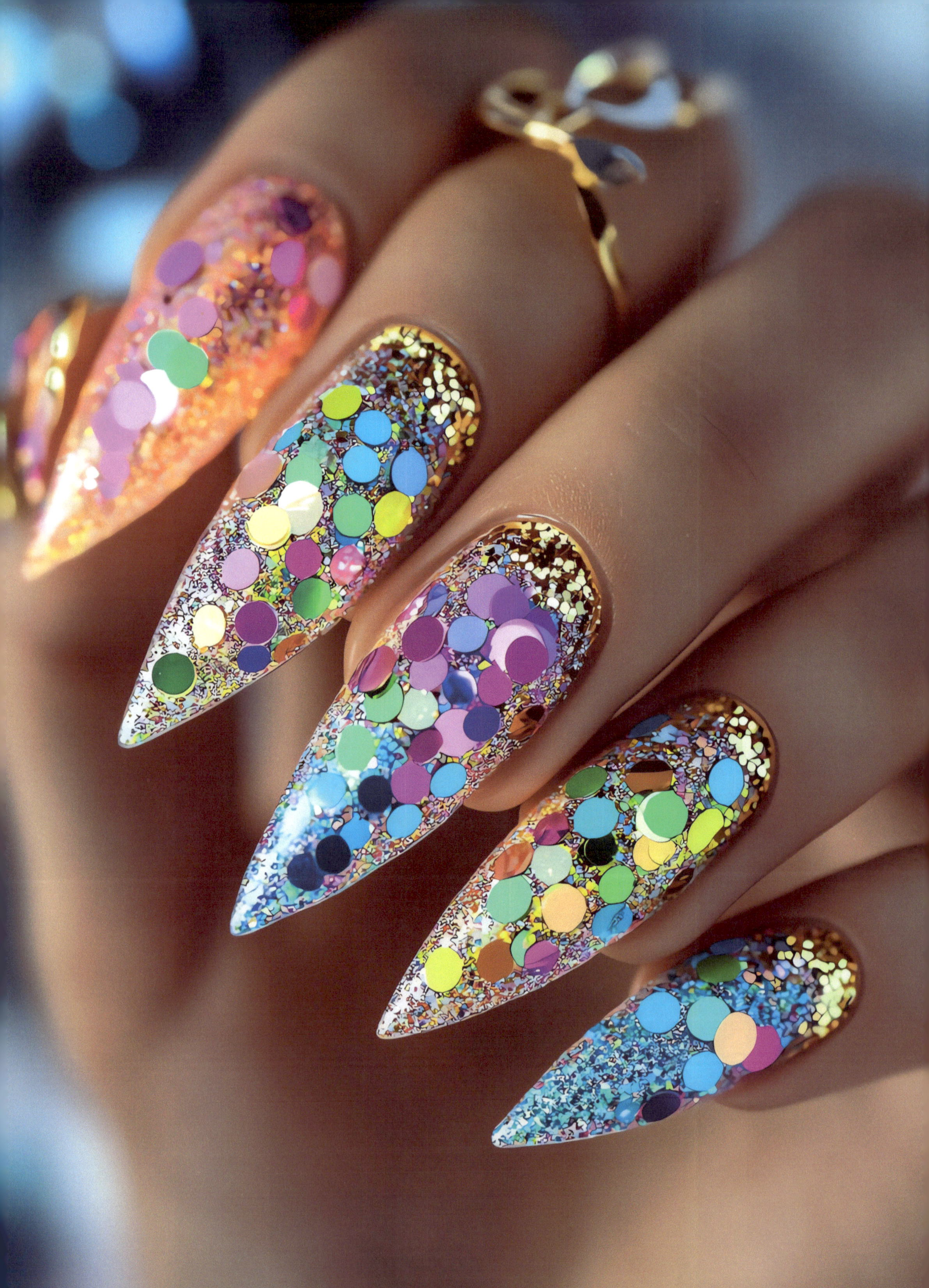

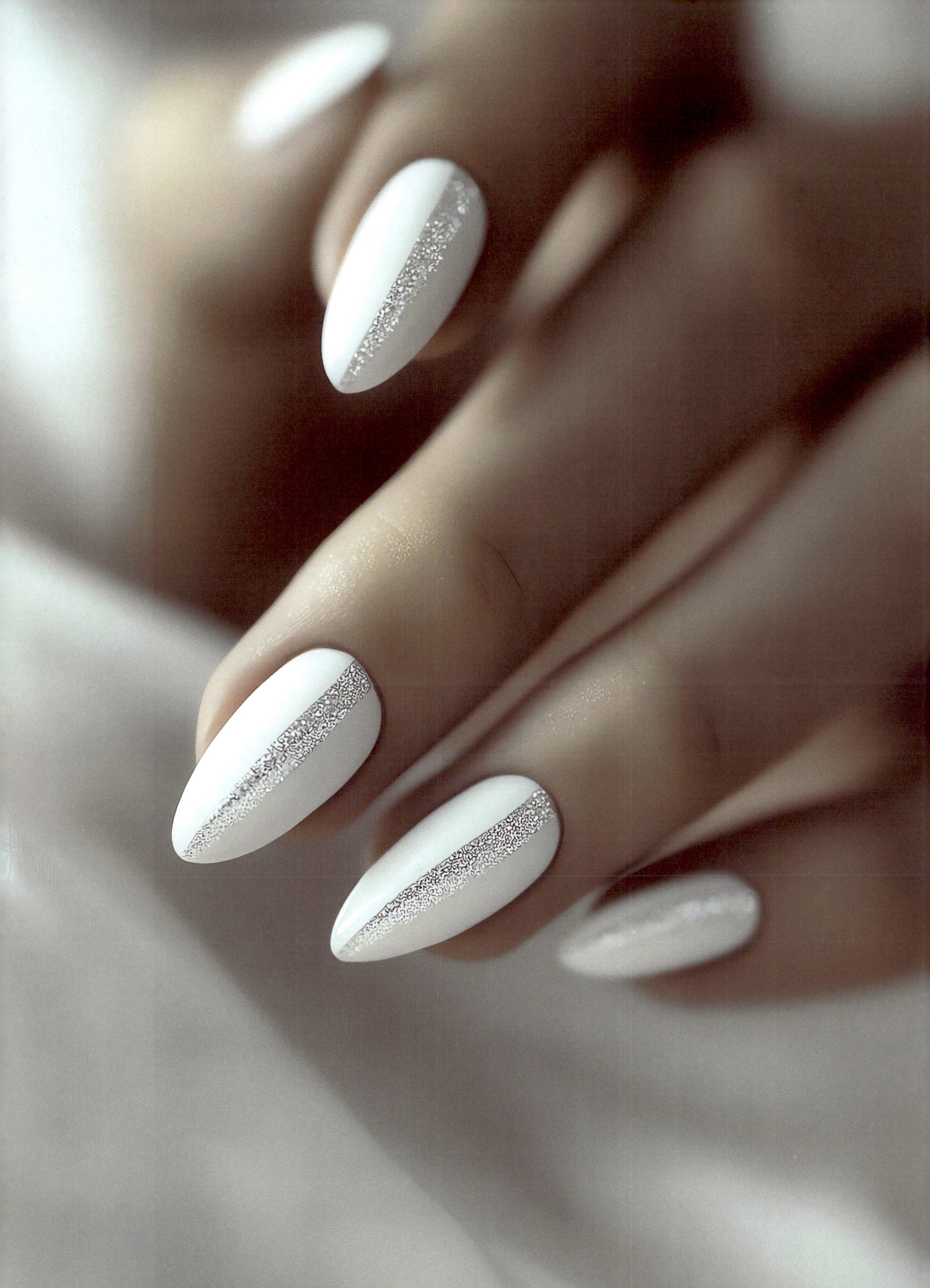

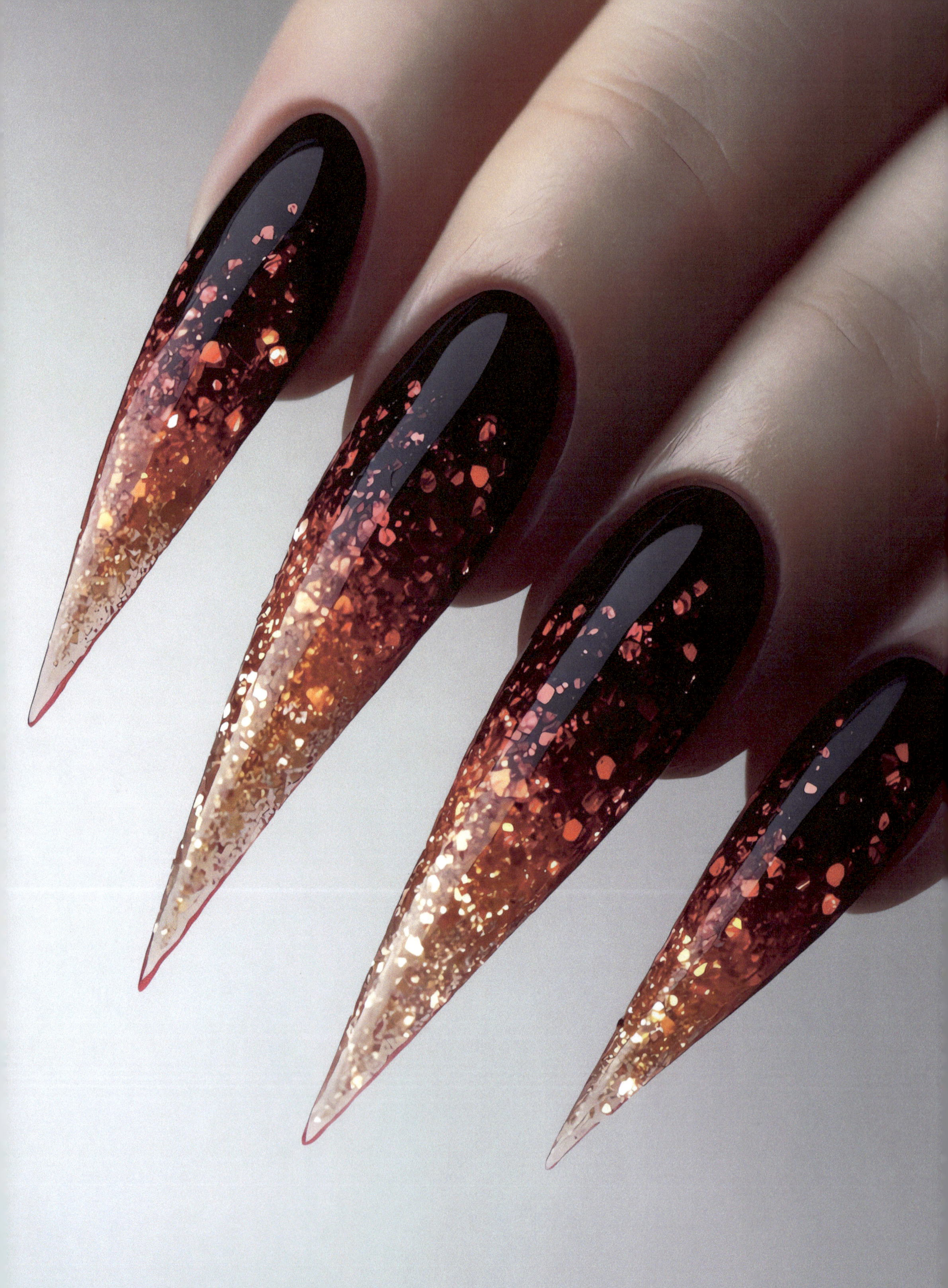

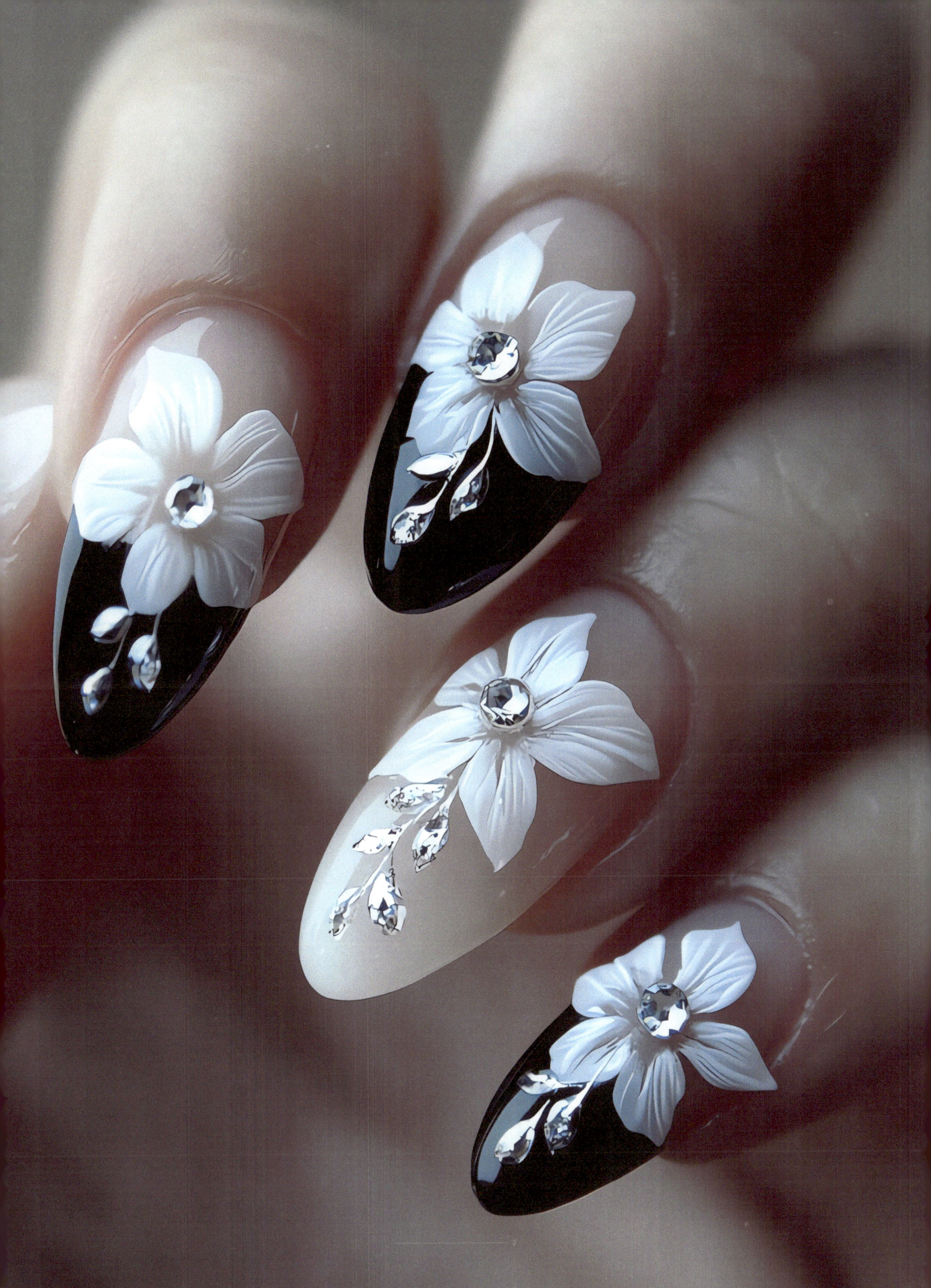

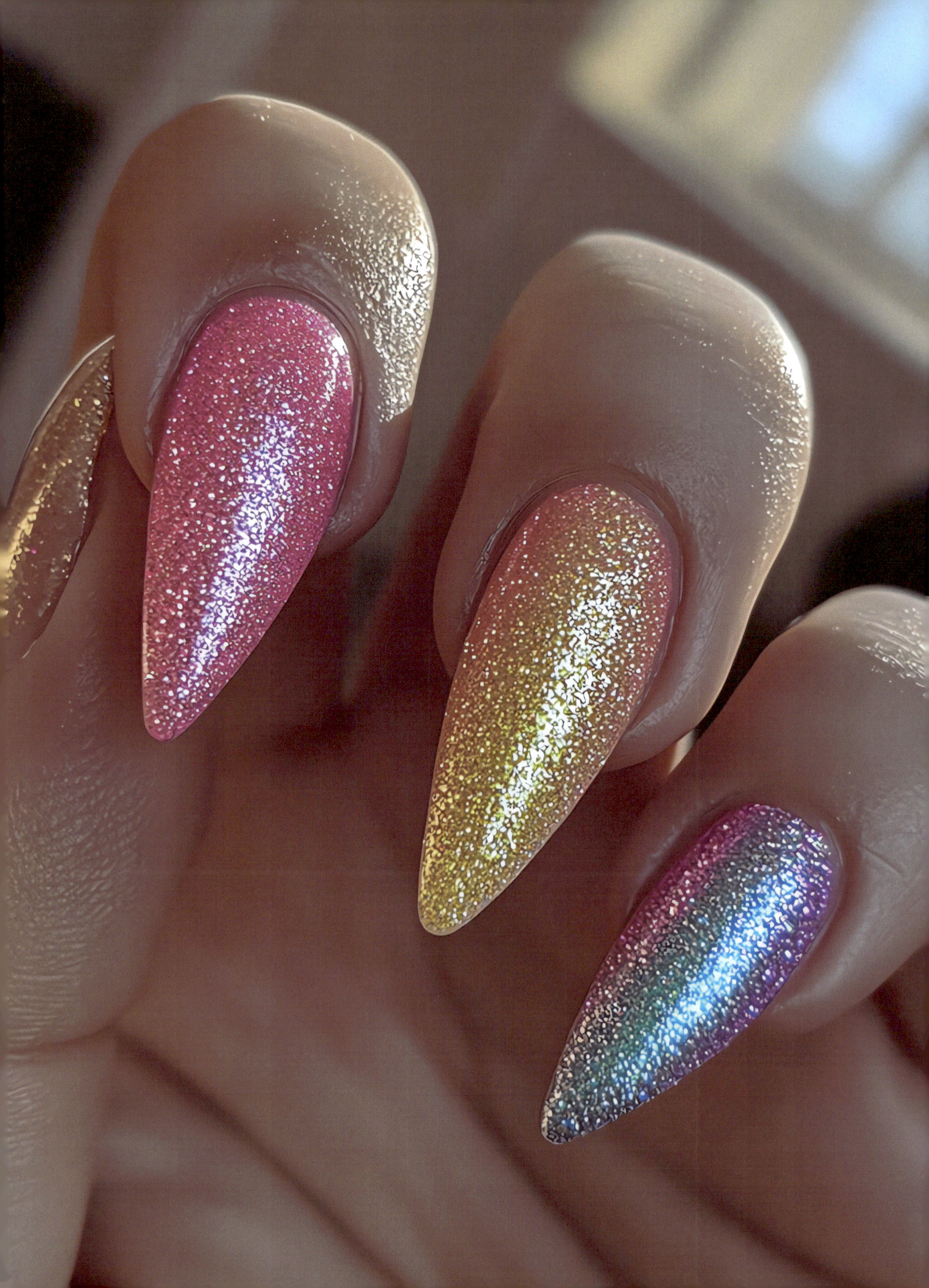

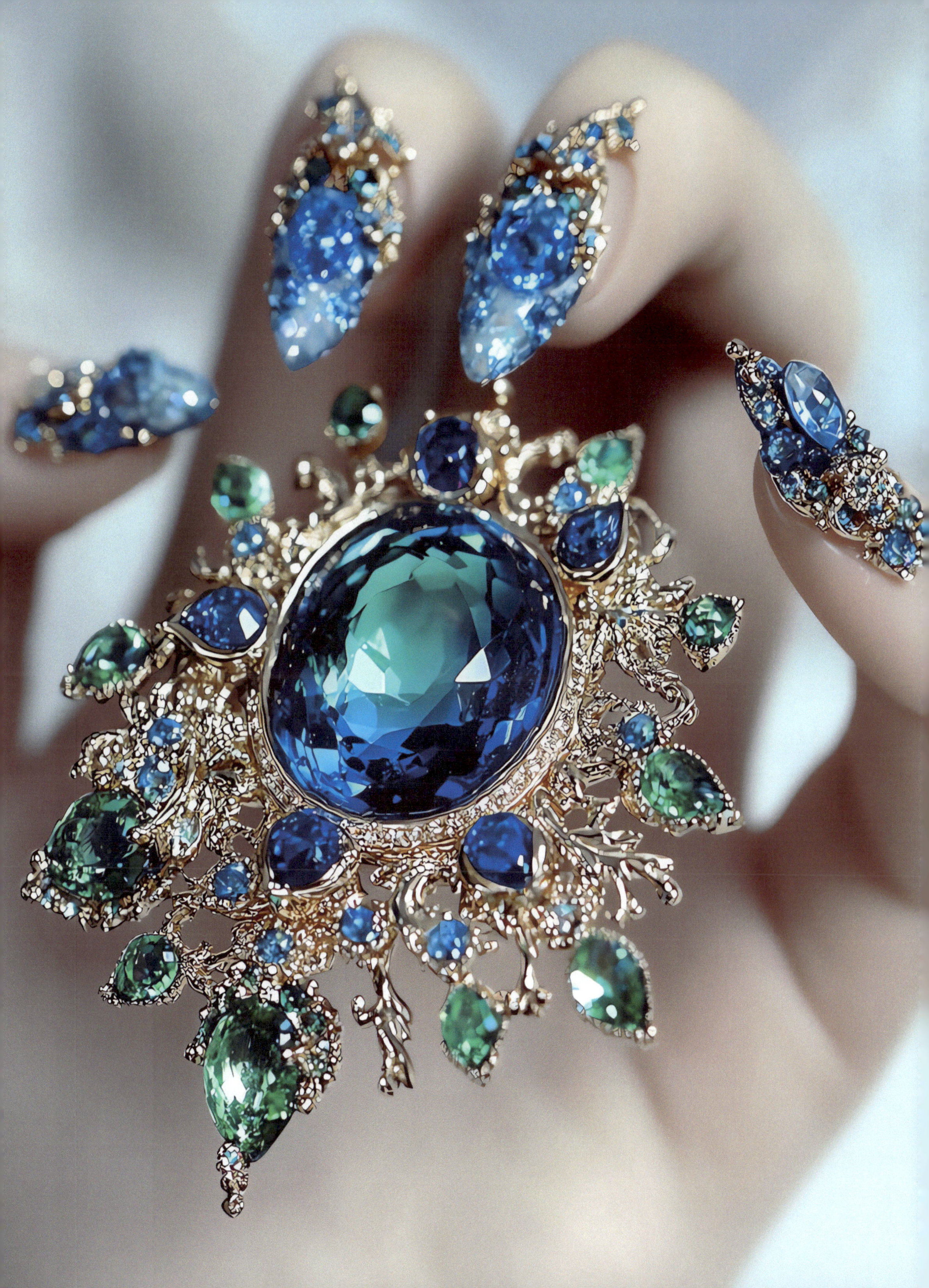

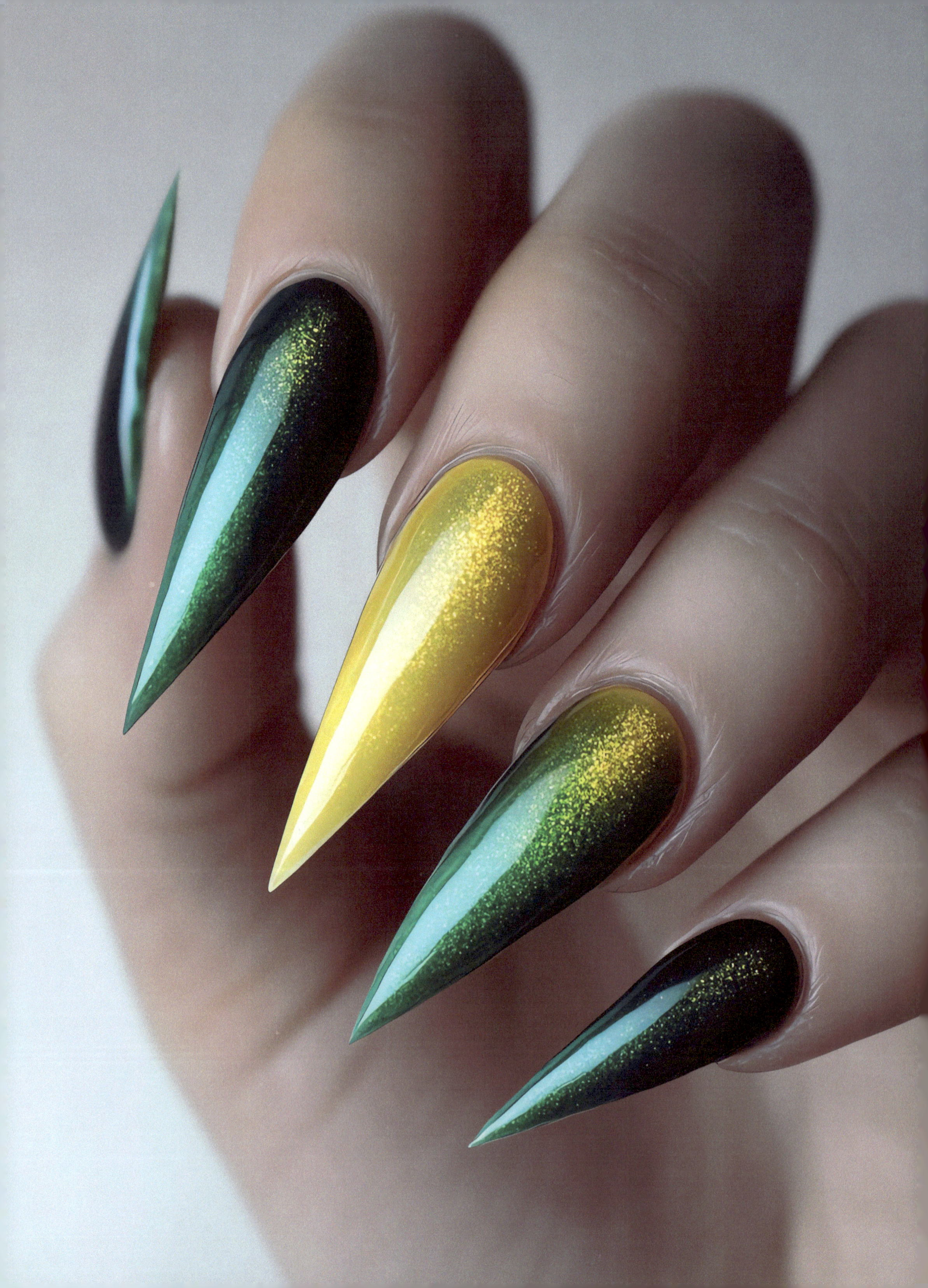

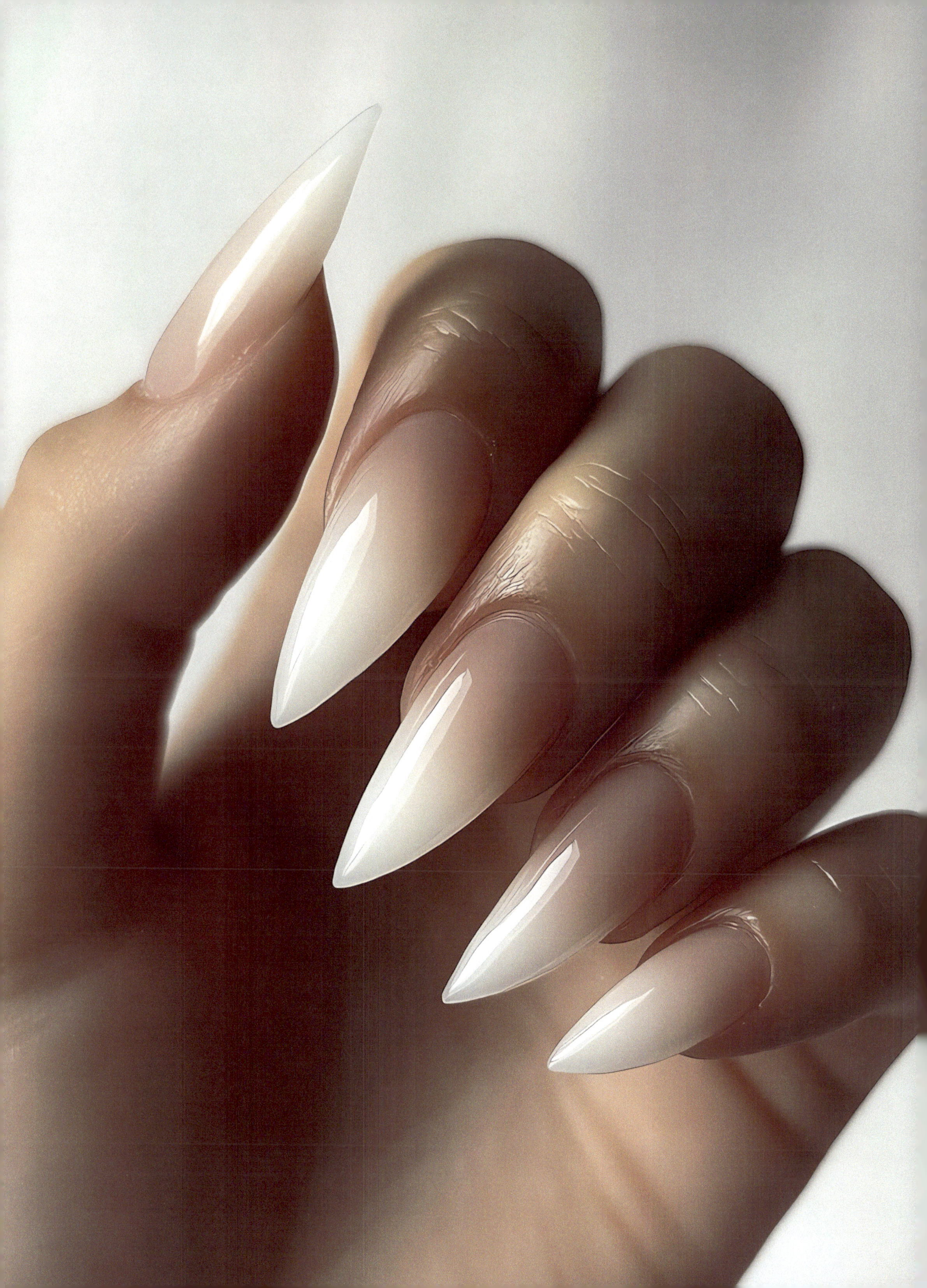

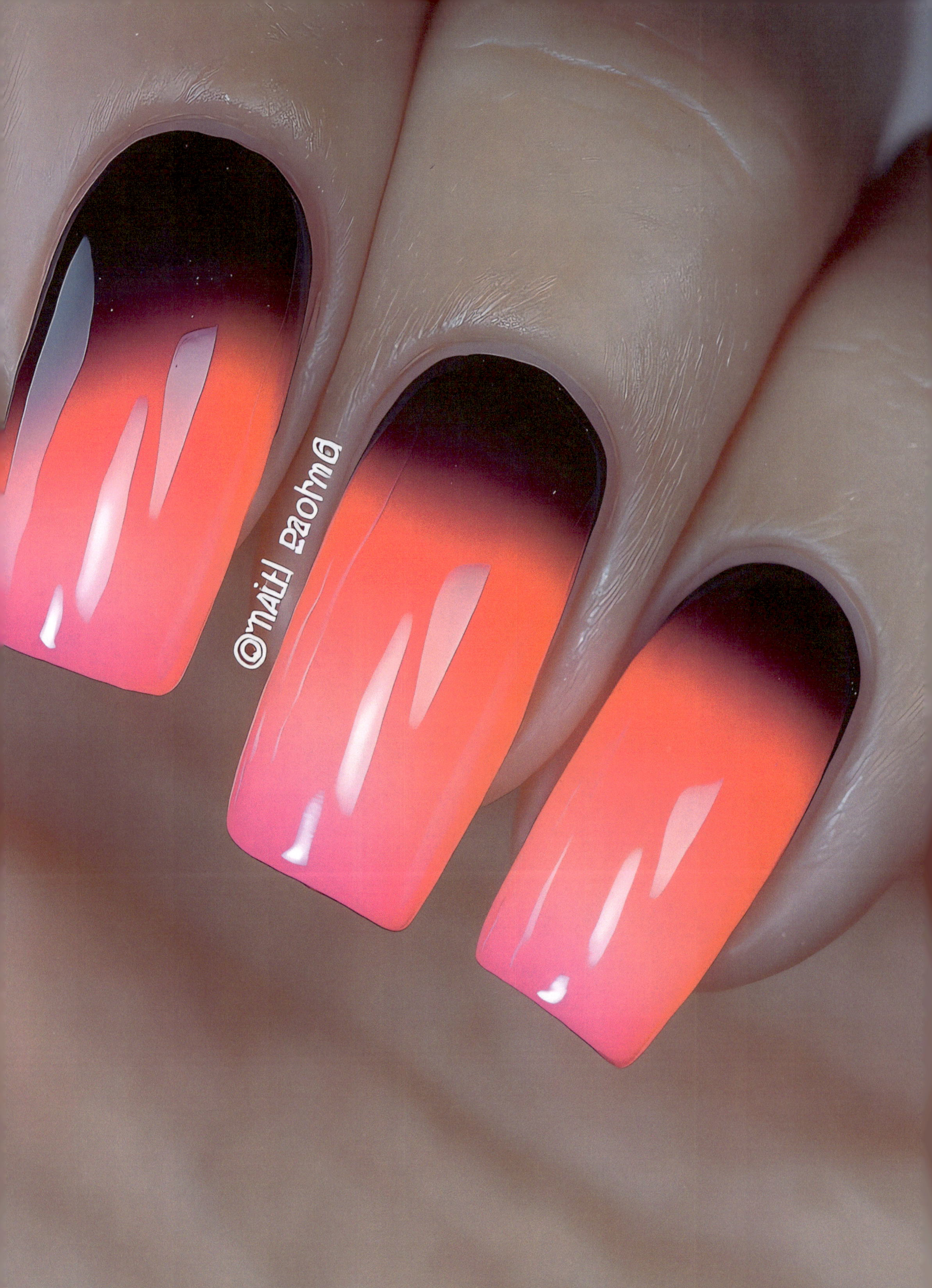

@nail paonα

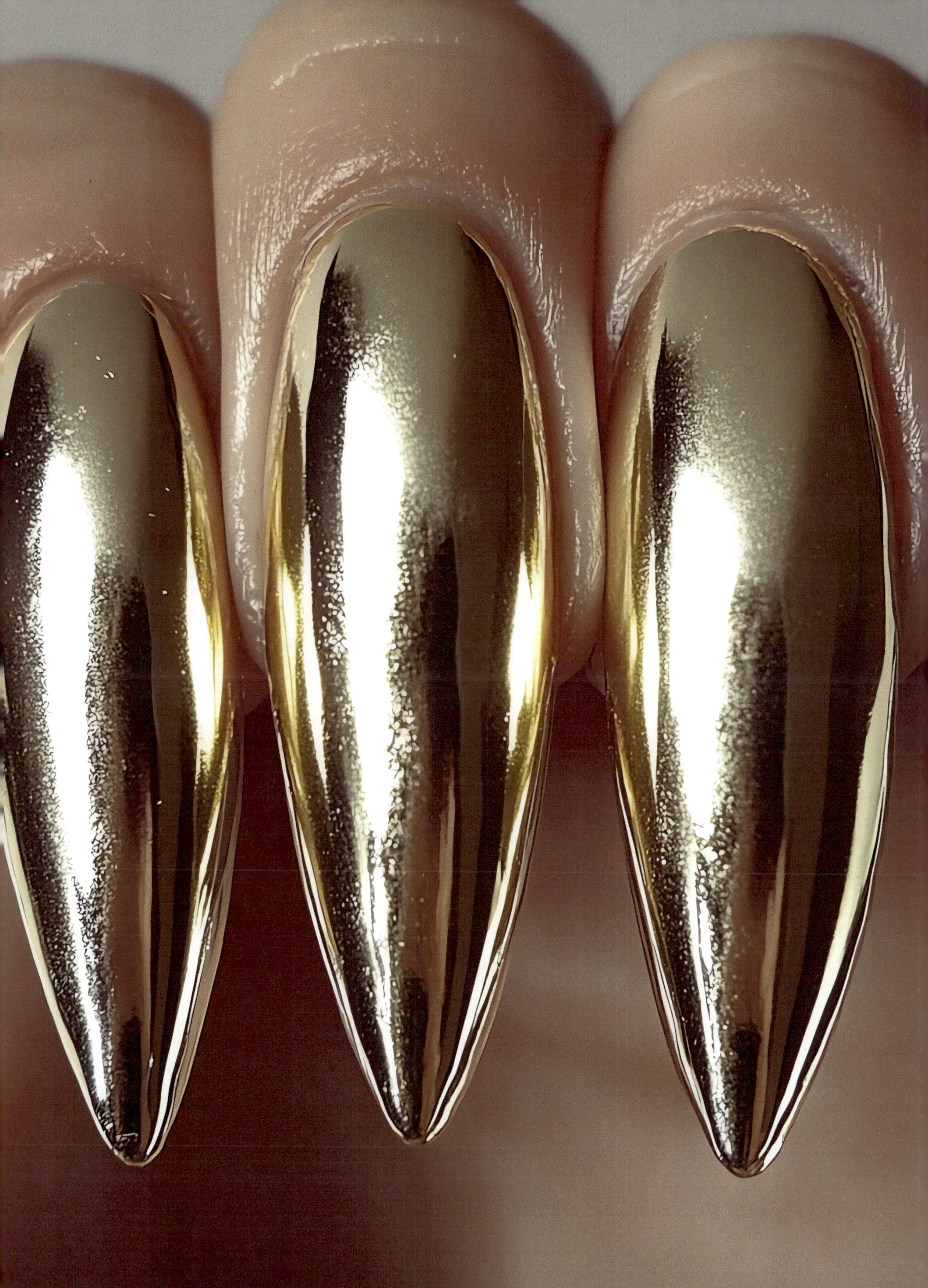

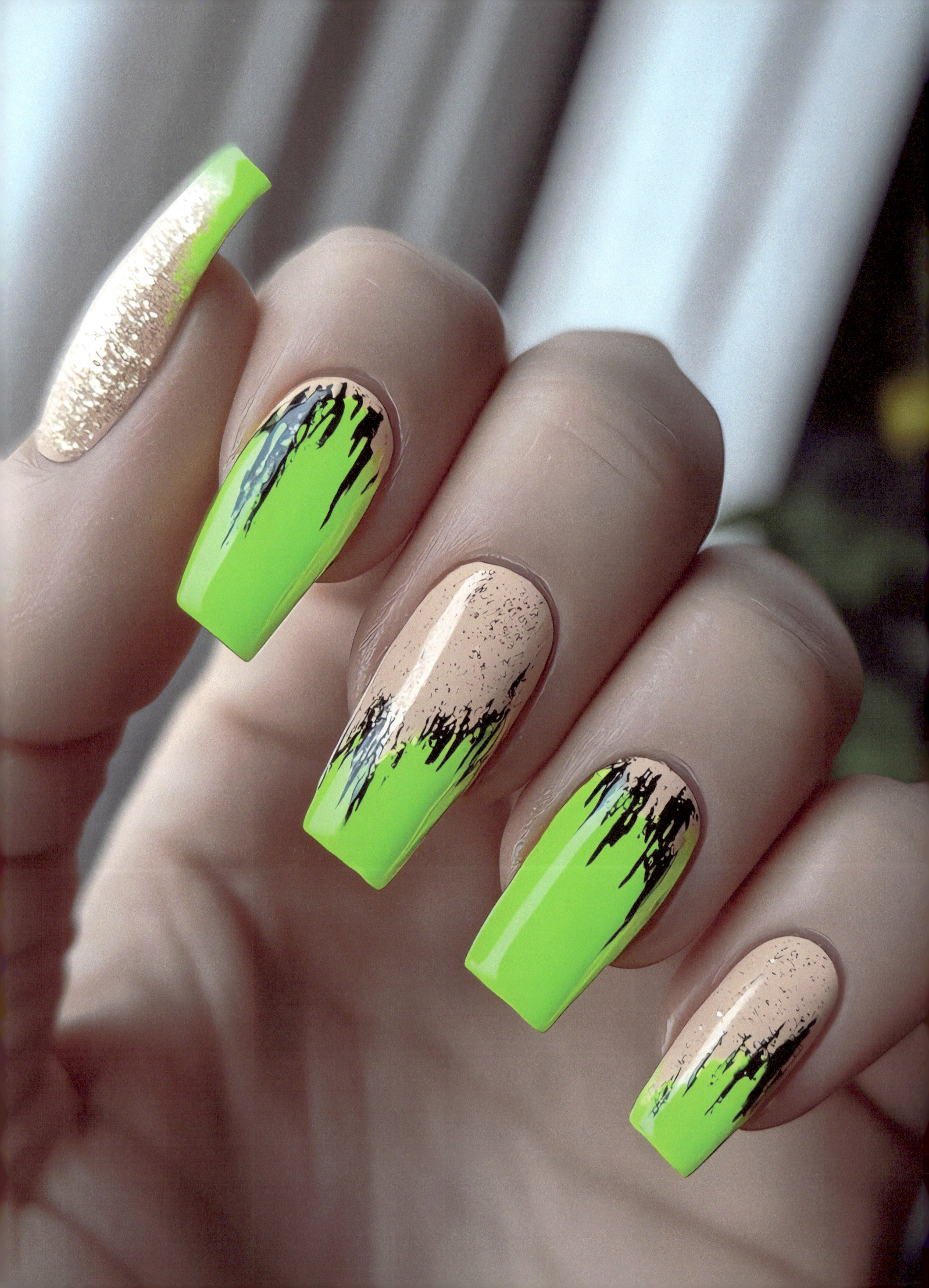

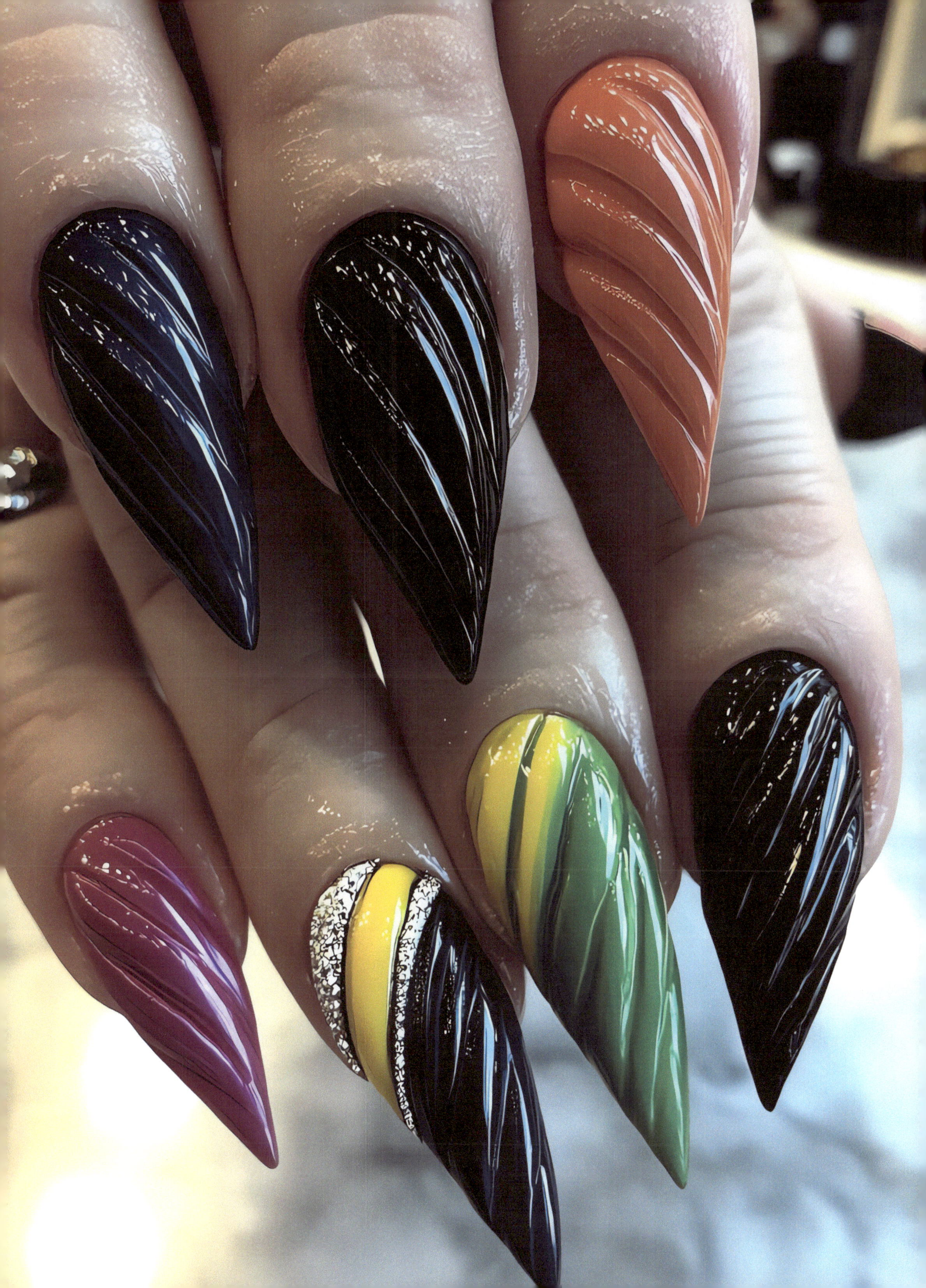

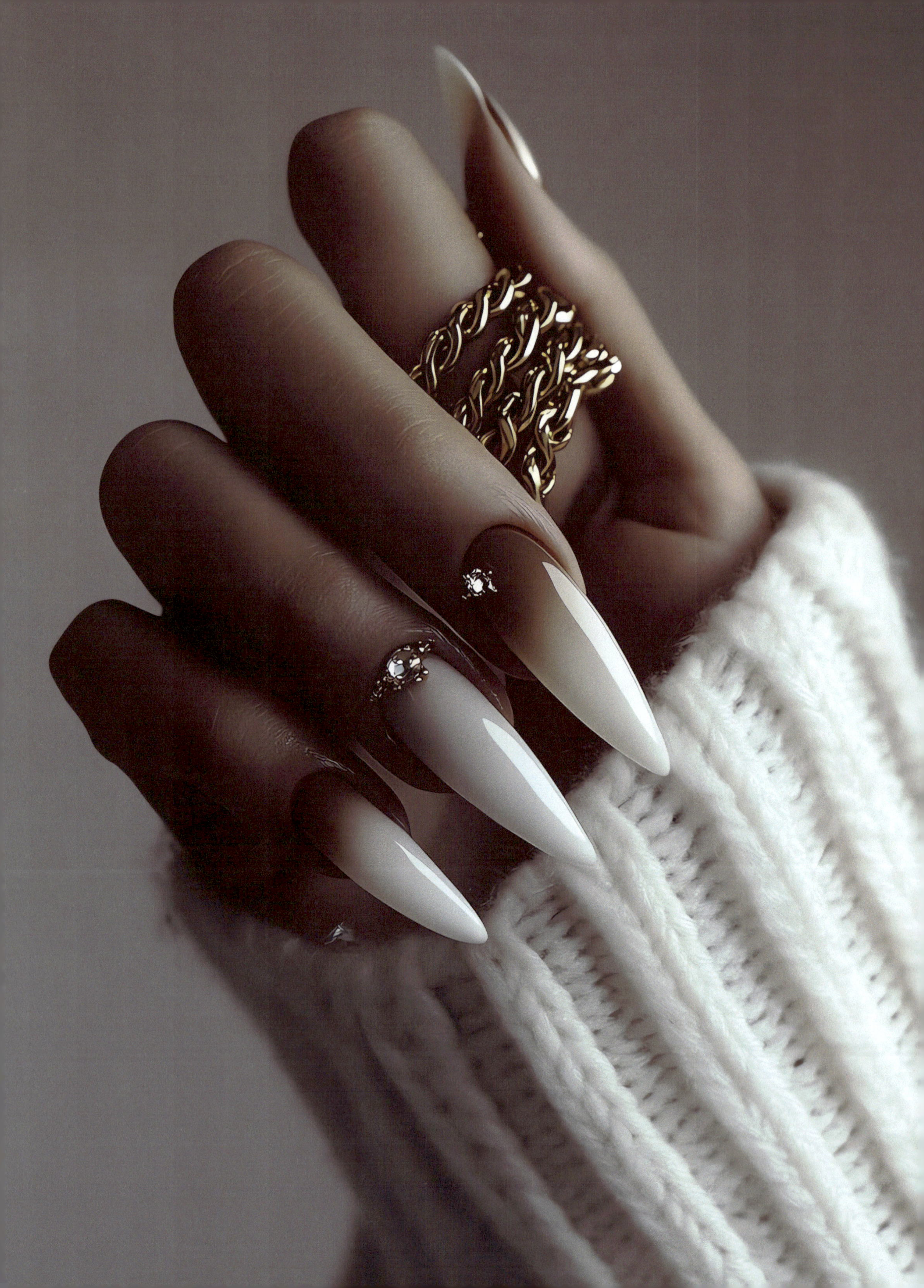

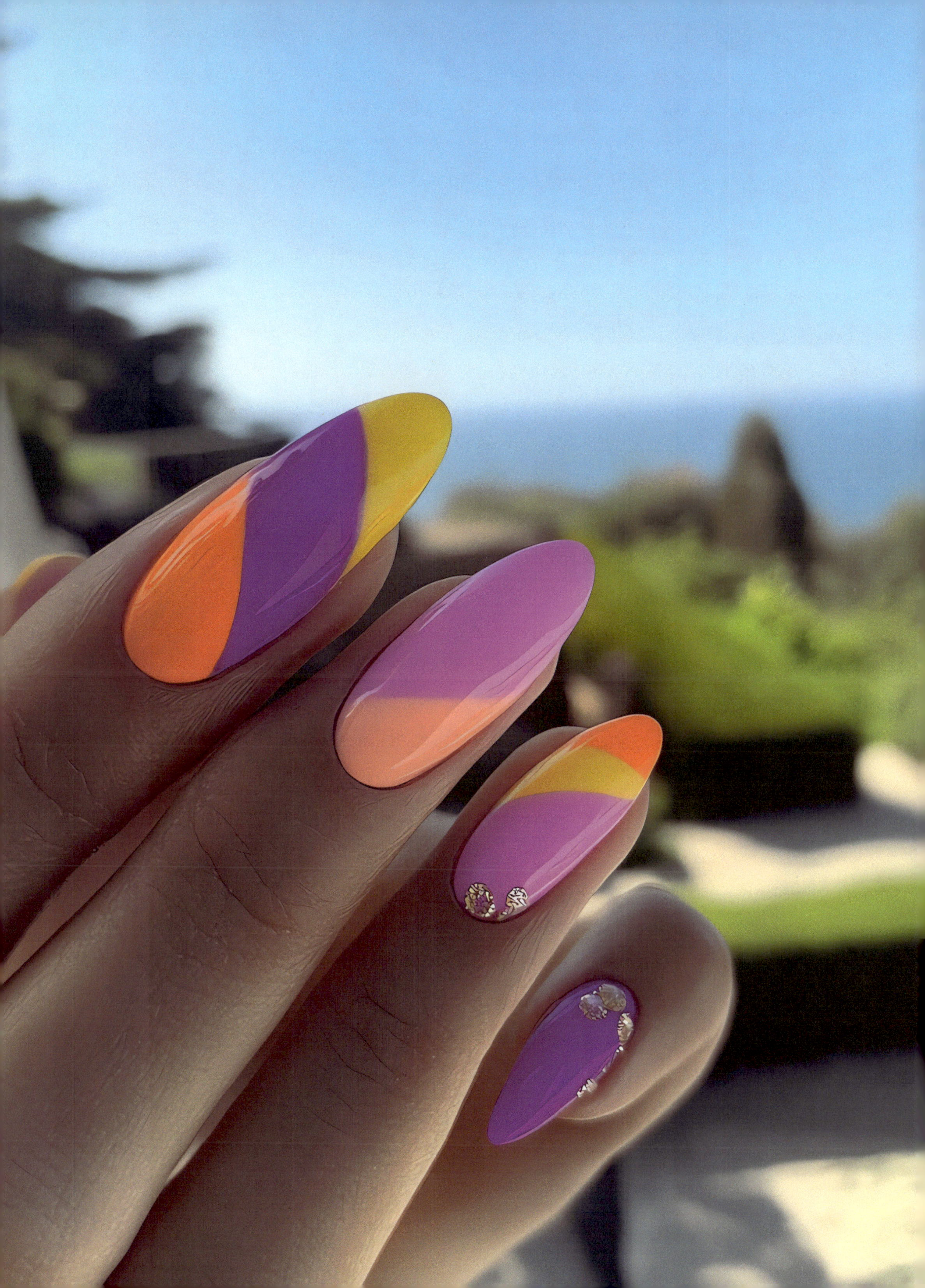

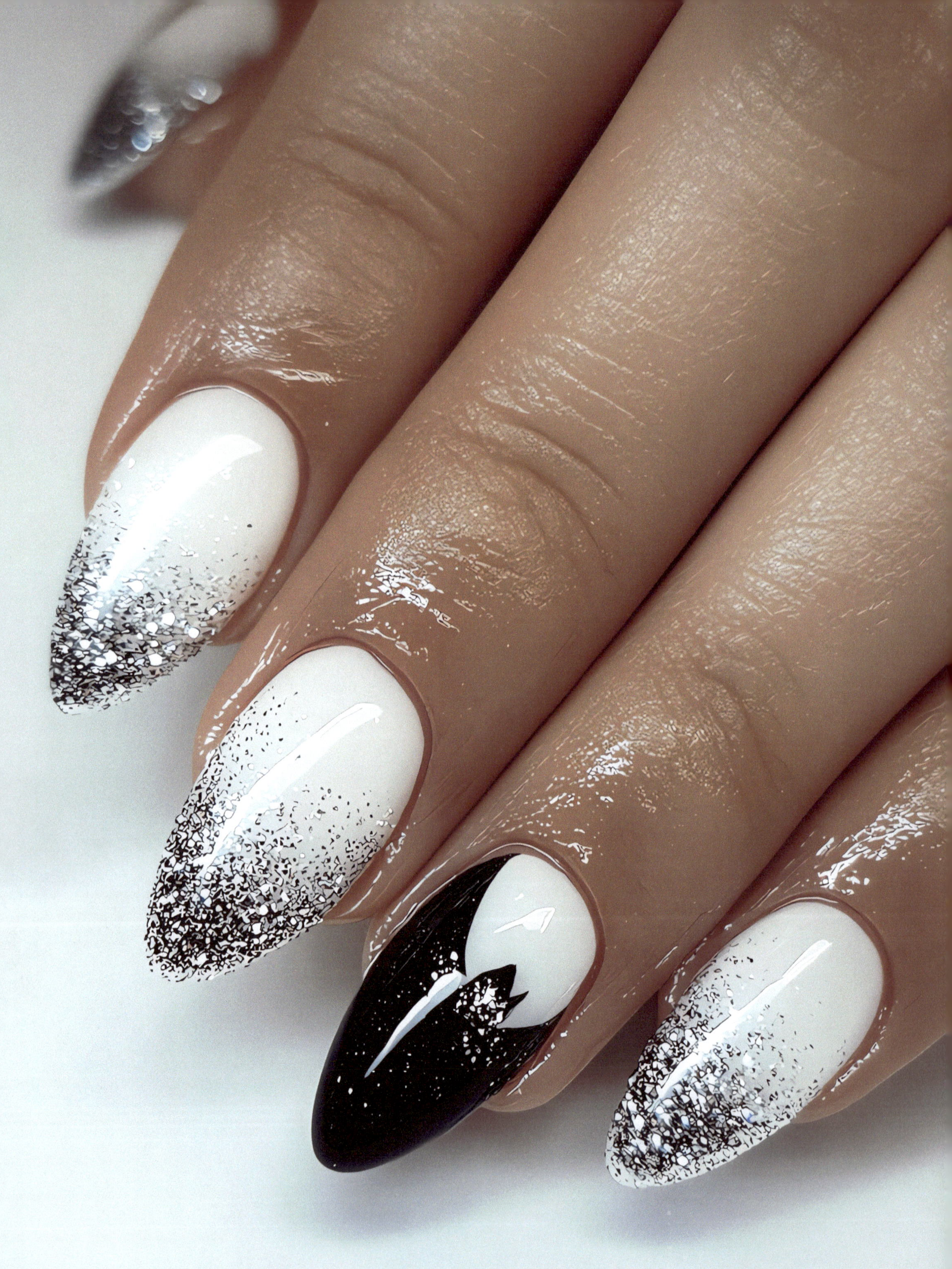

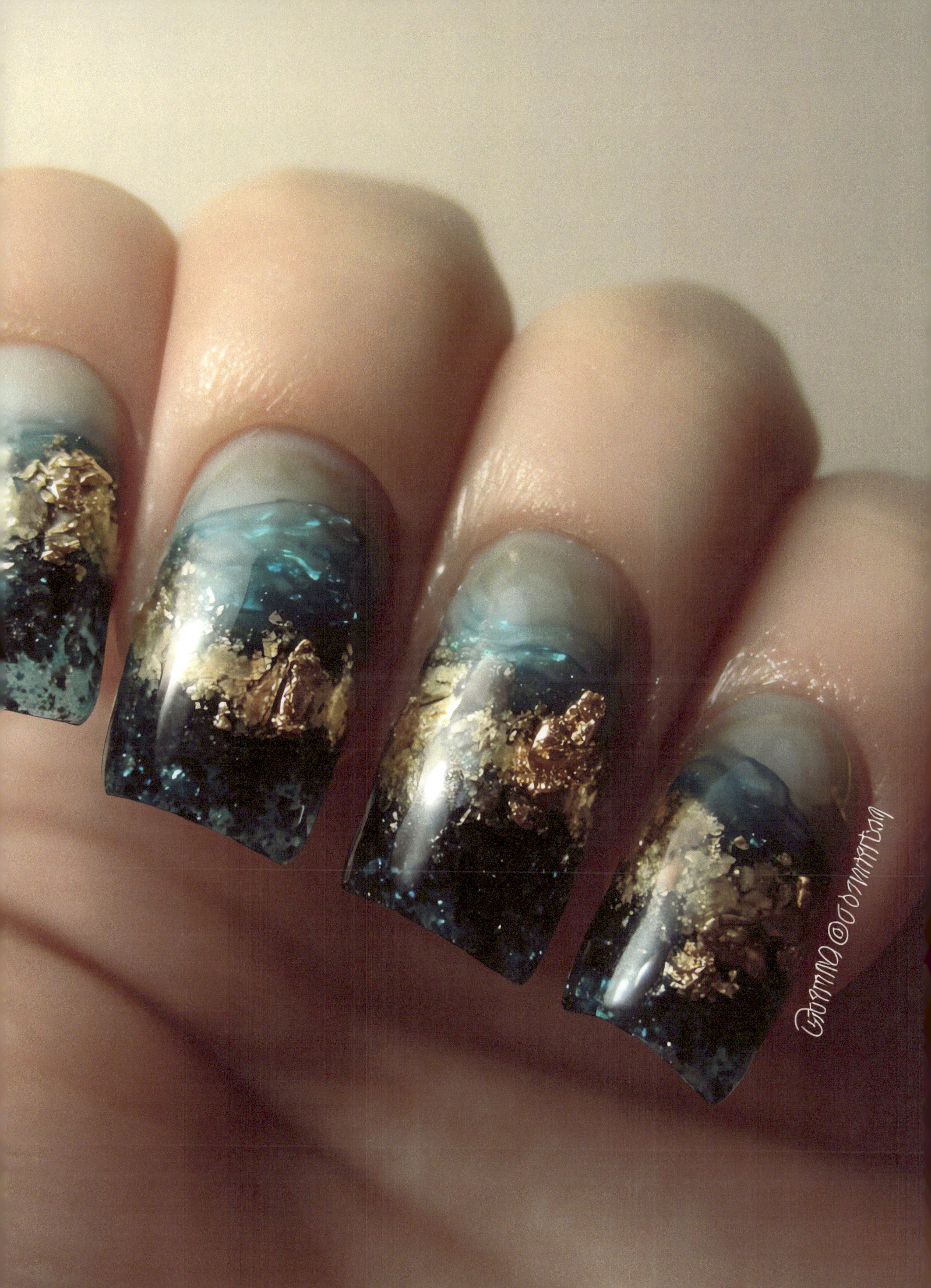

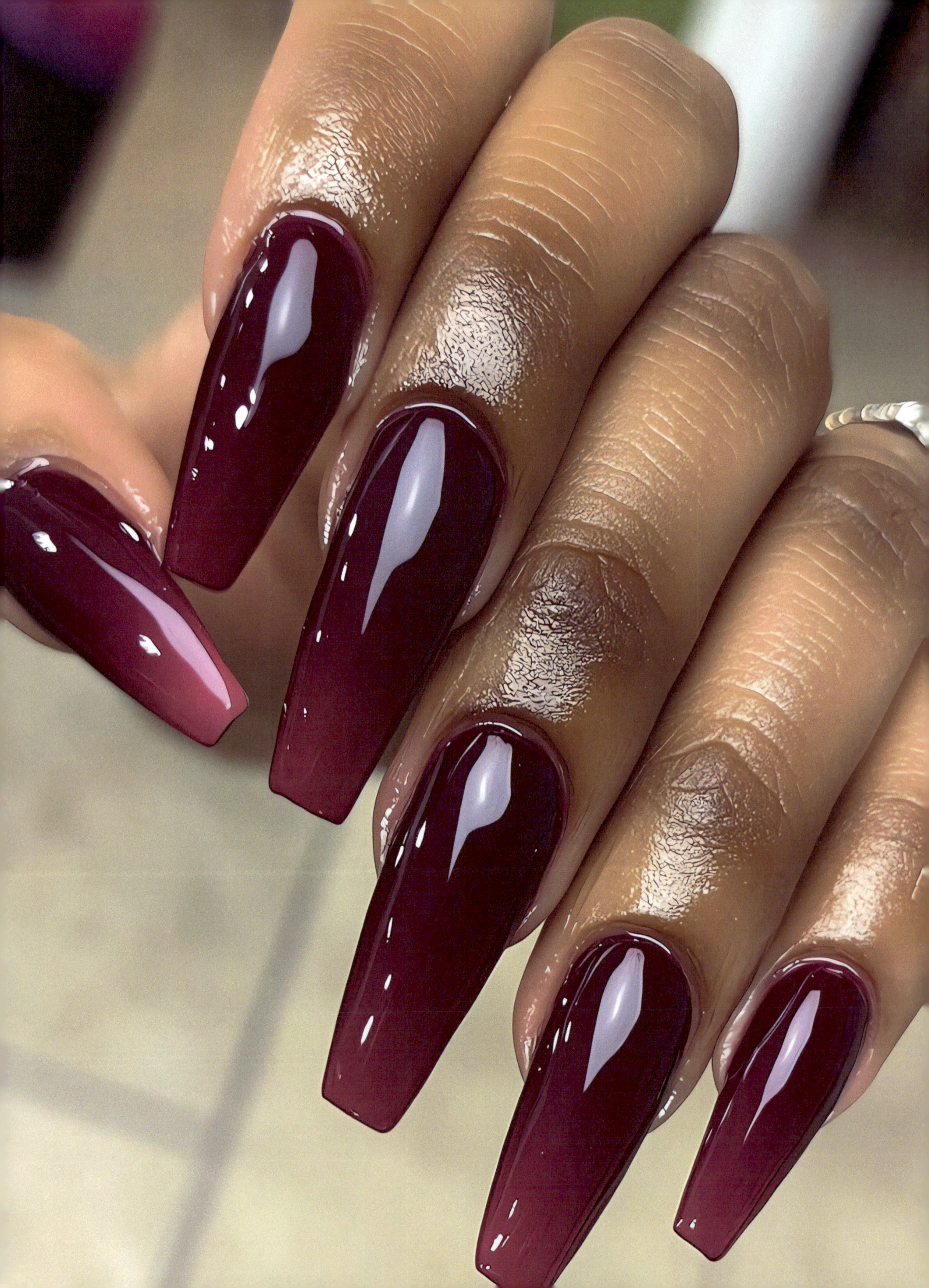

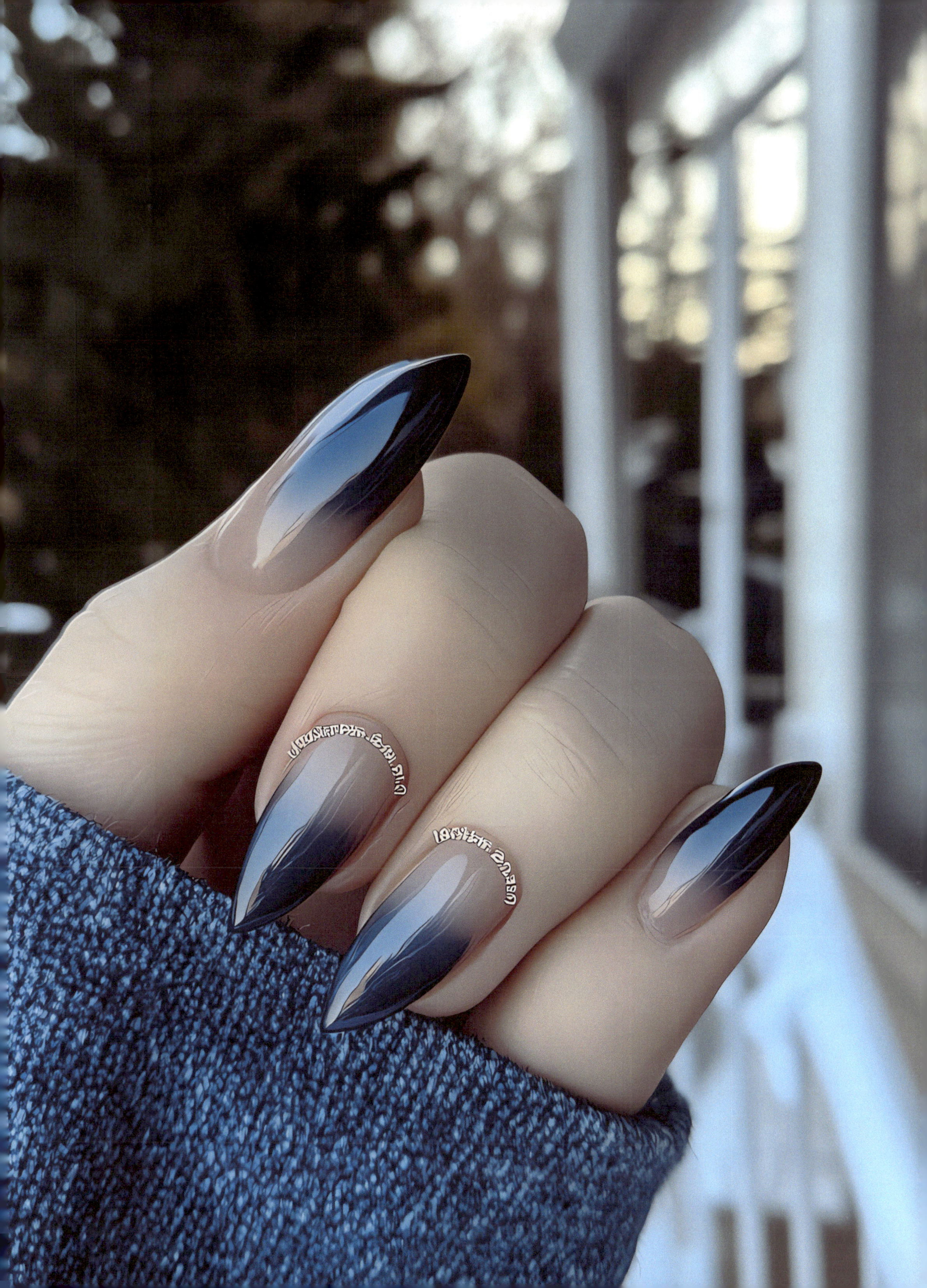

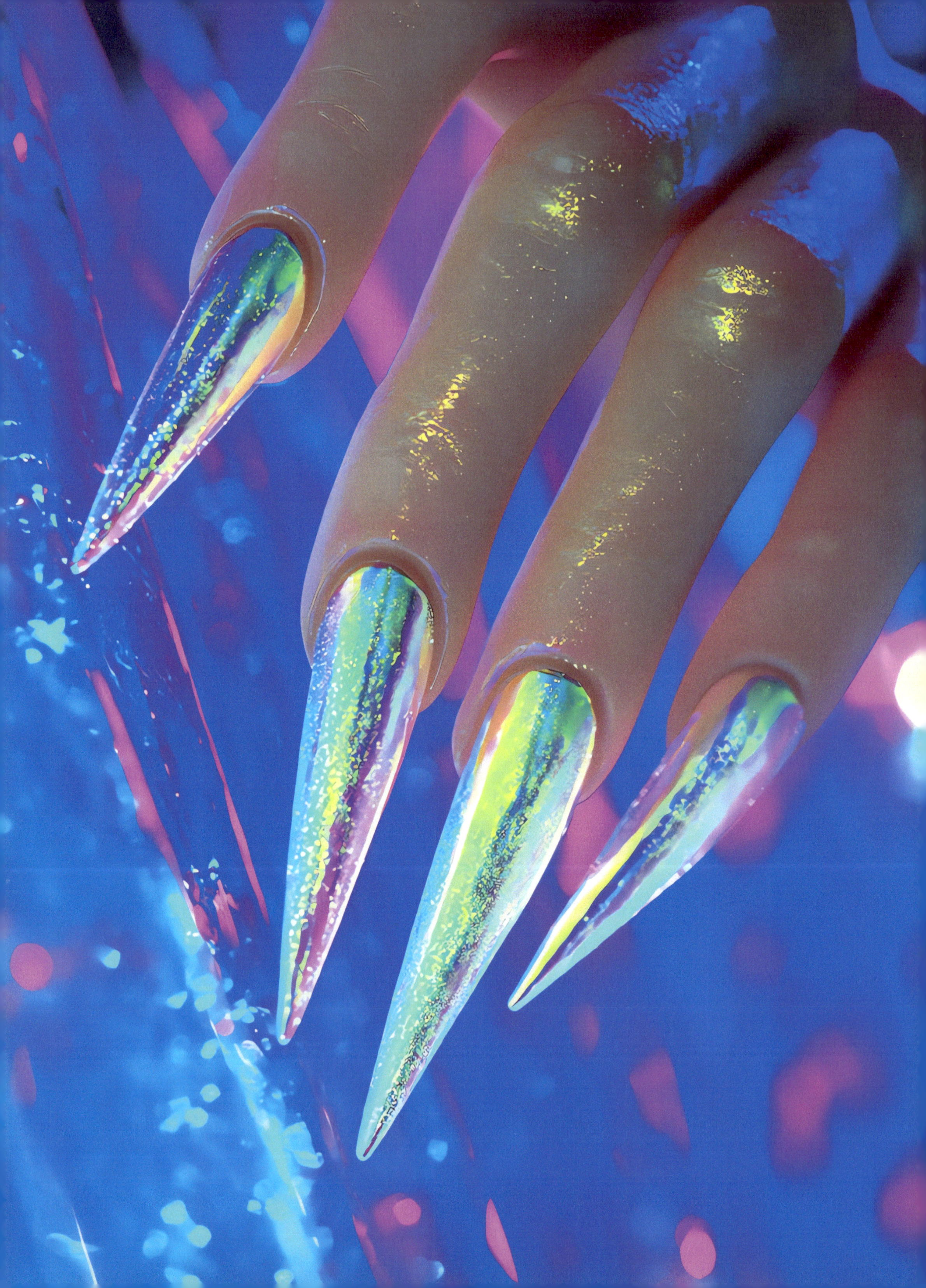

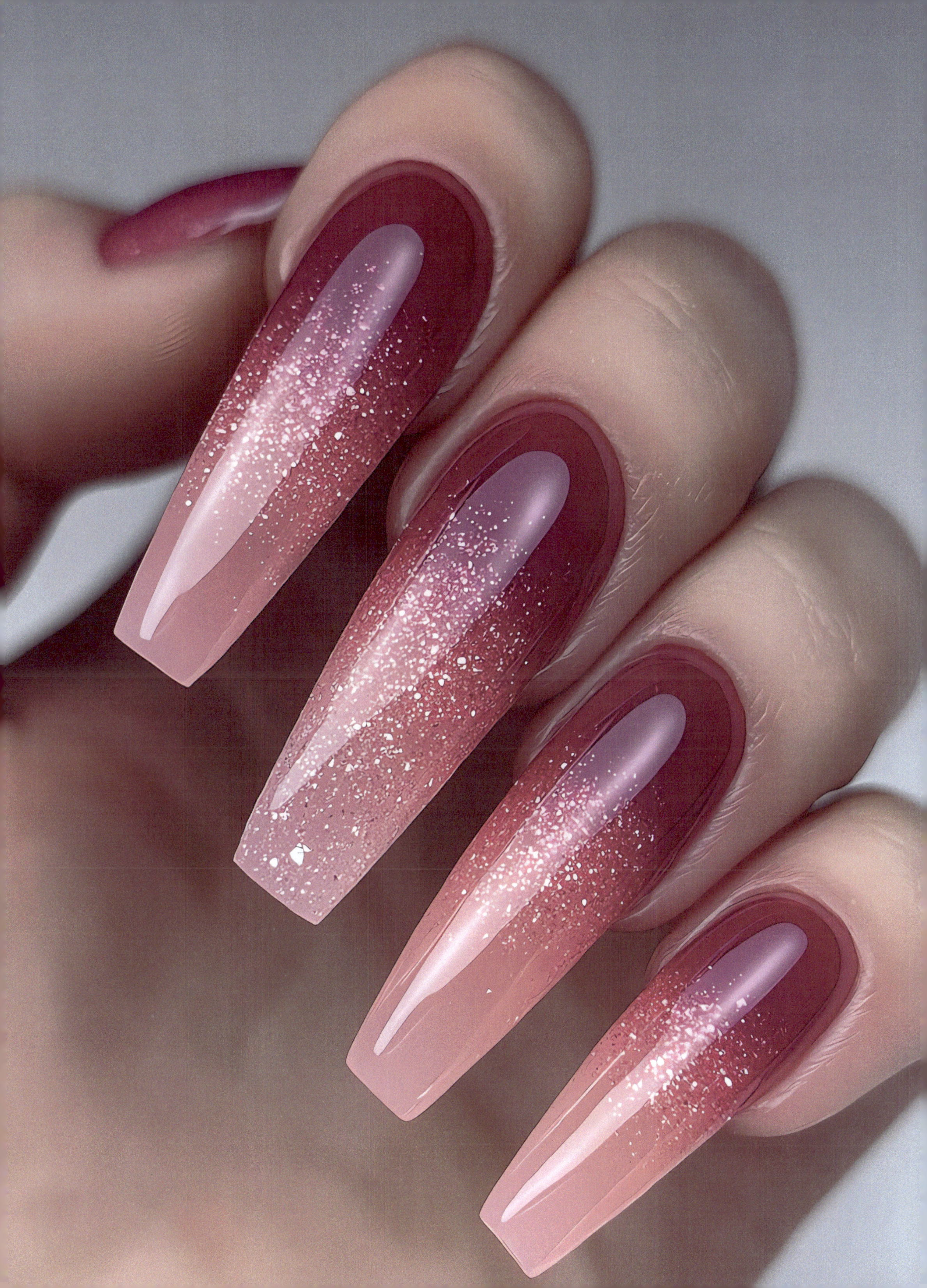

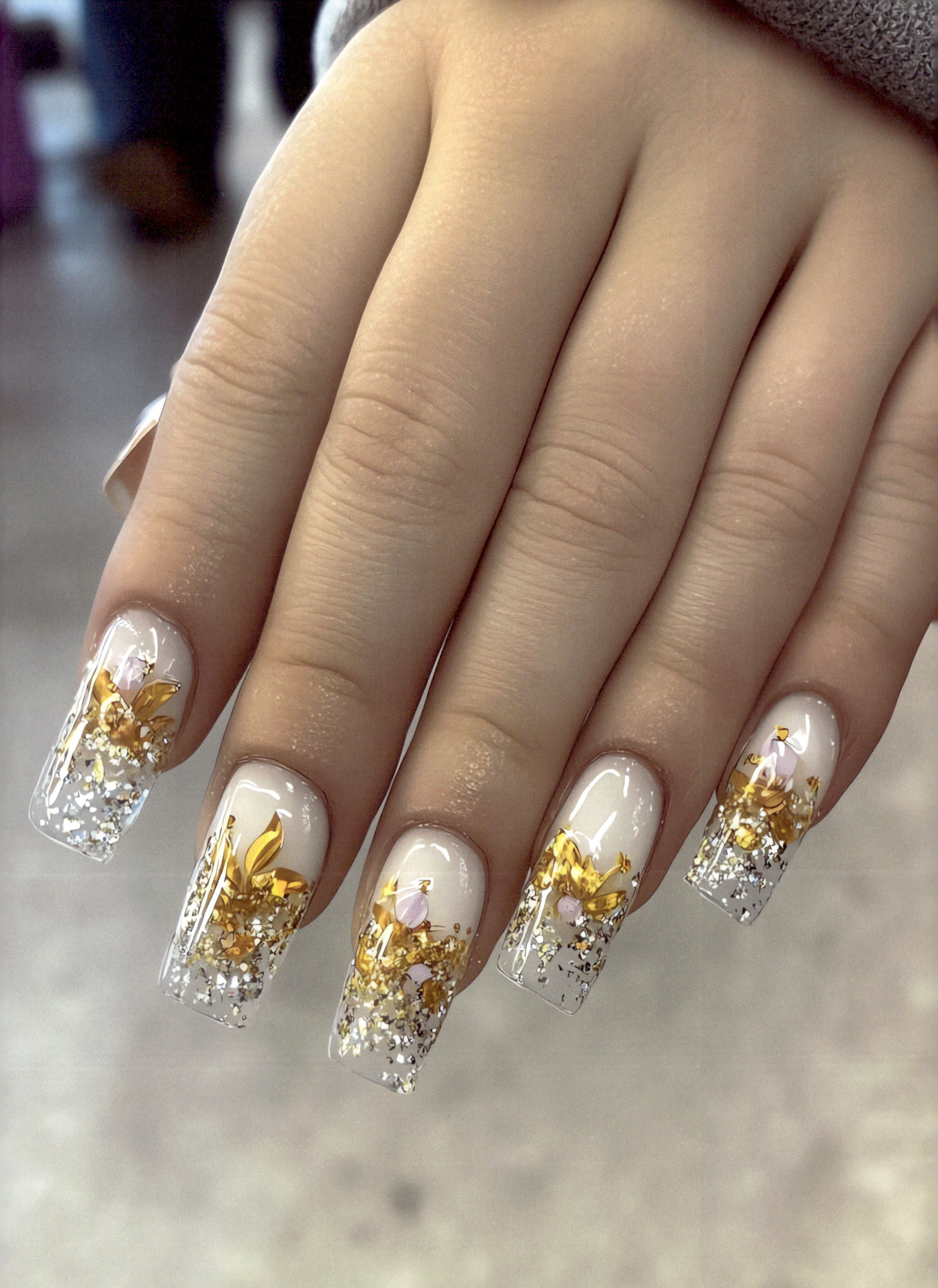

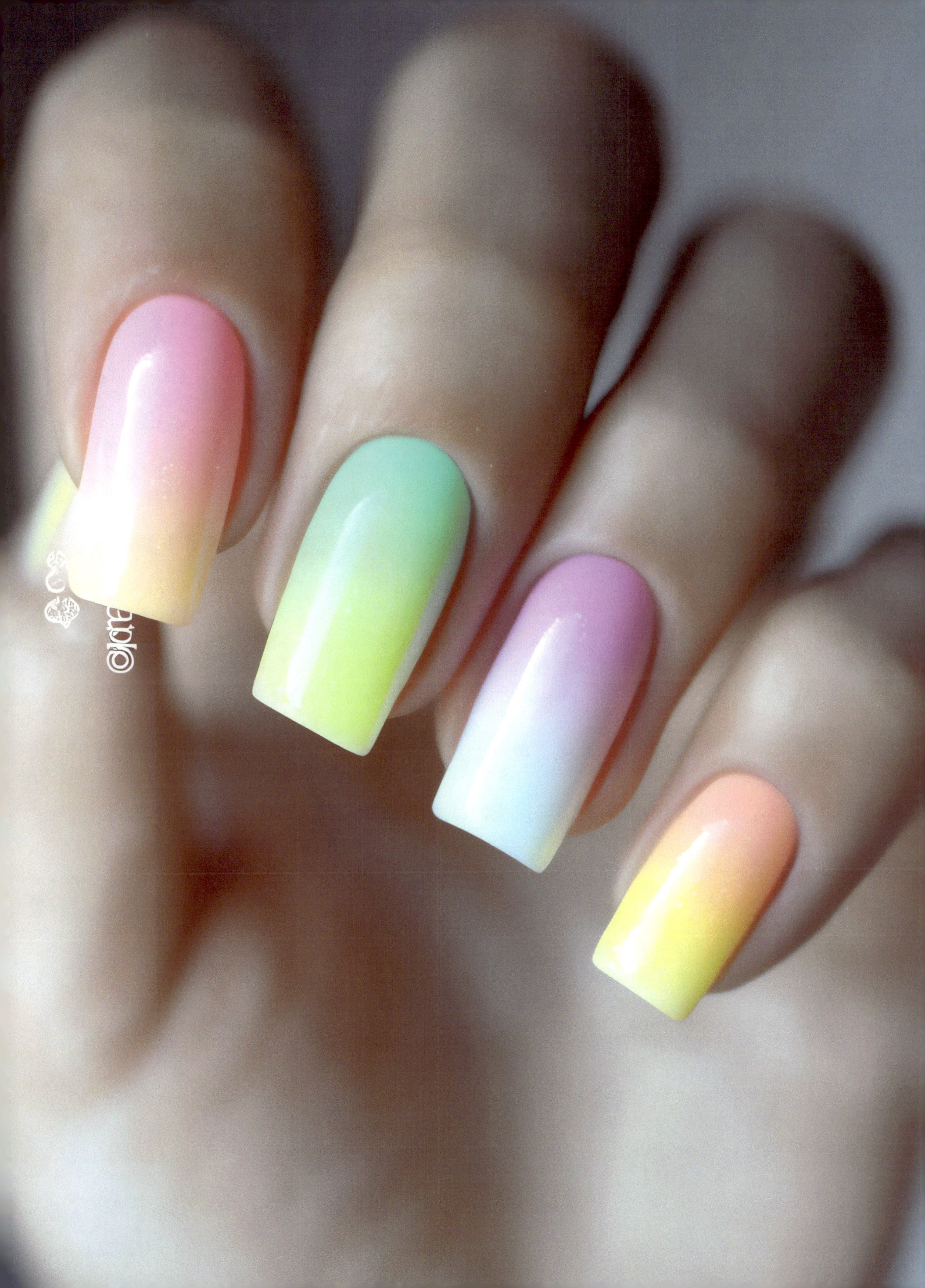

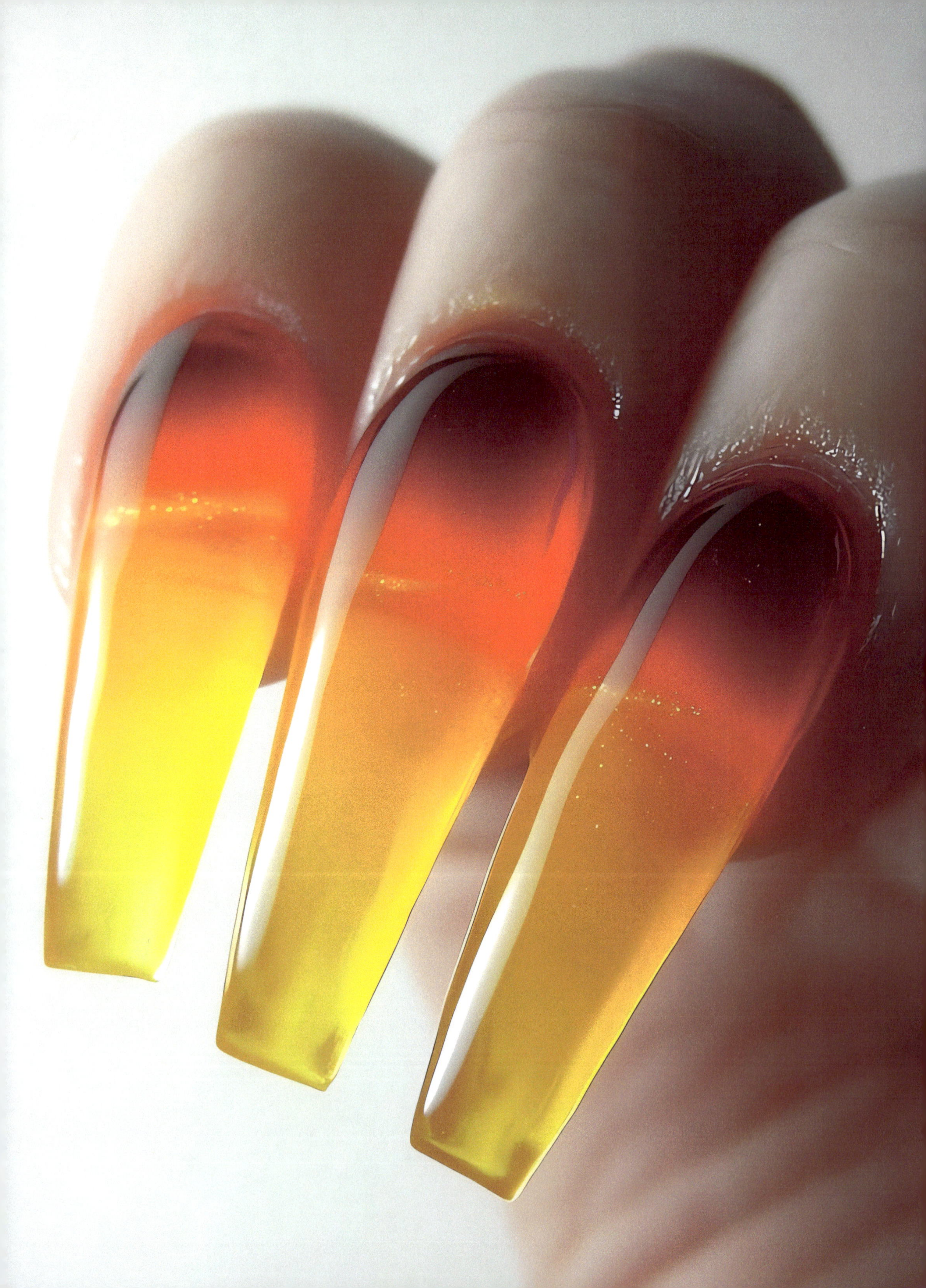

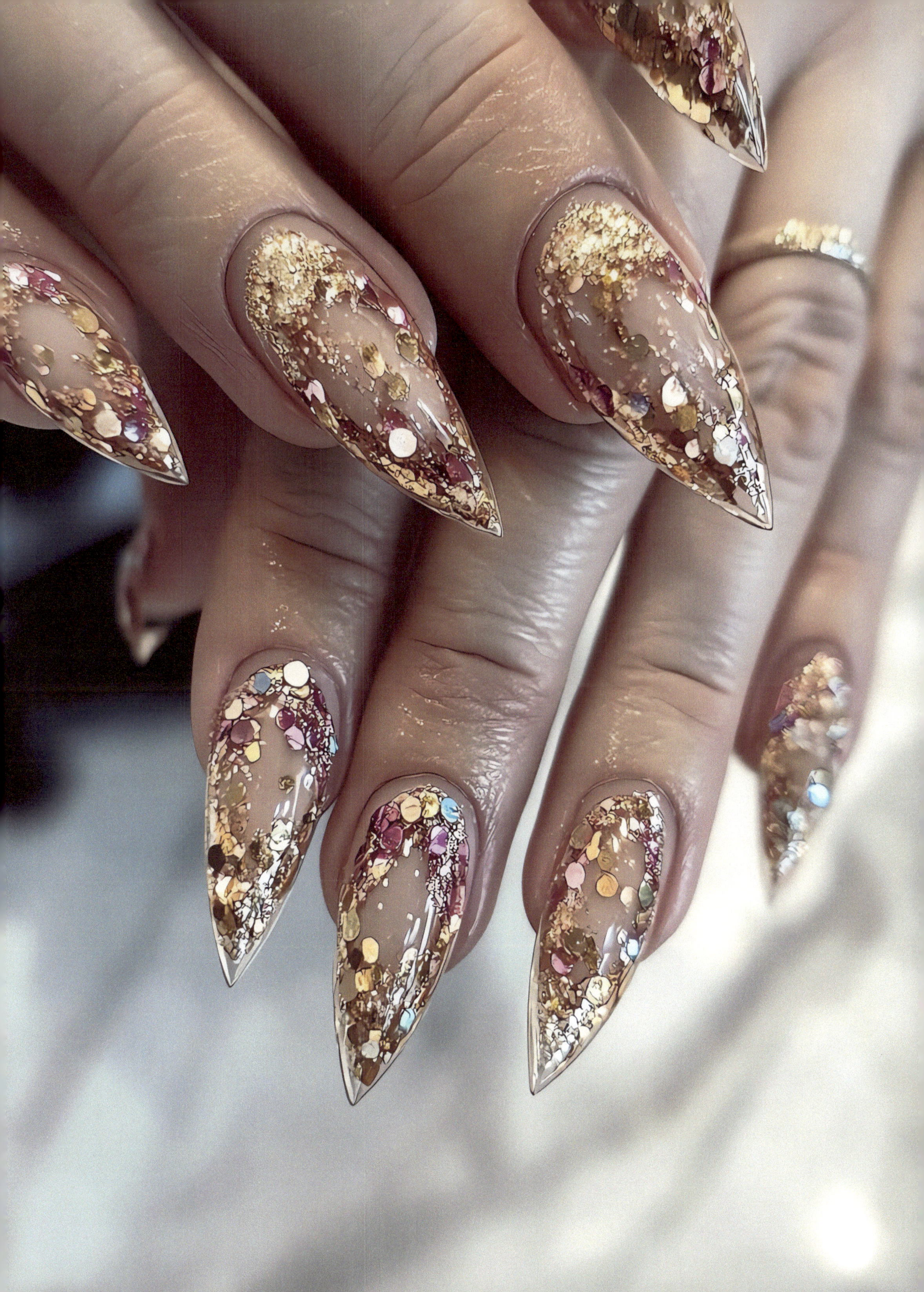

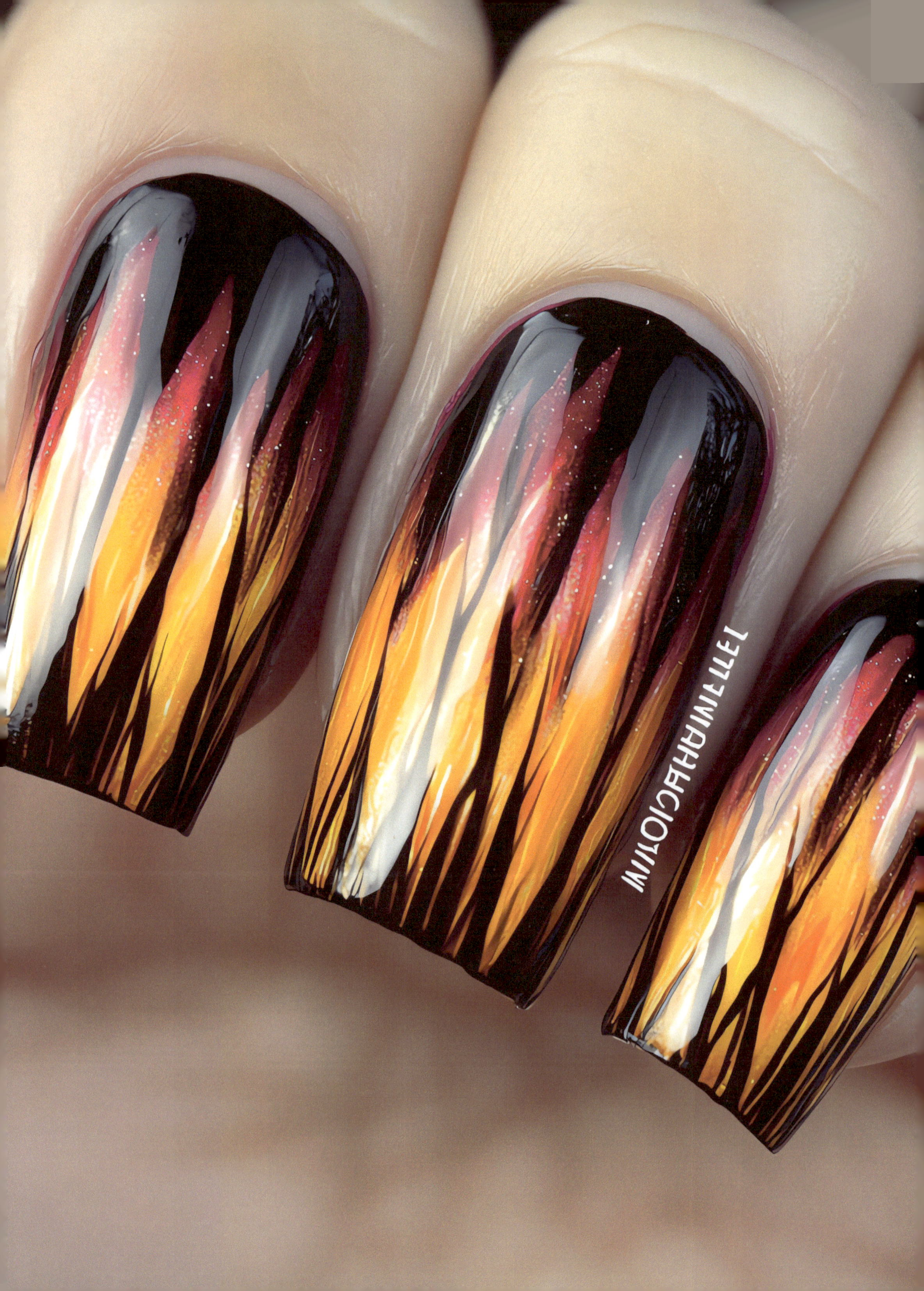

MITOMANICIOUS

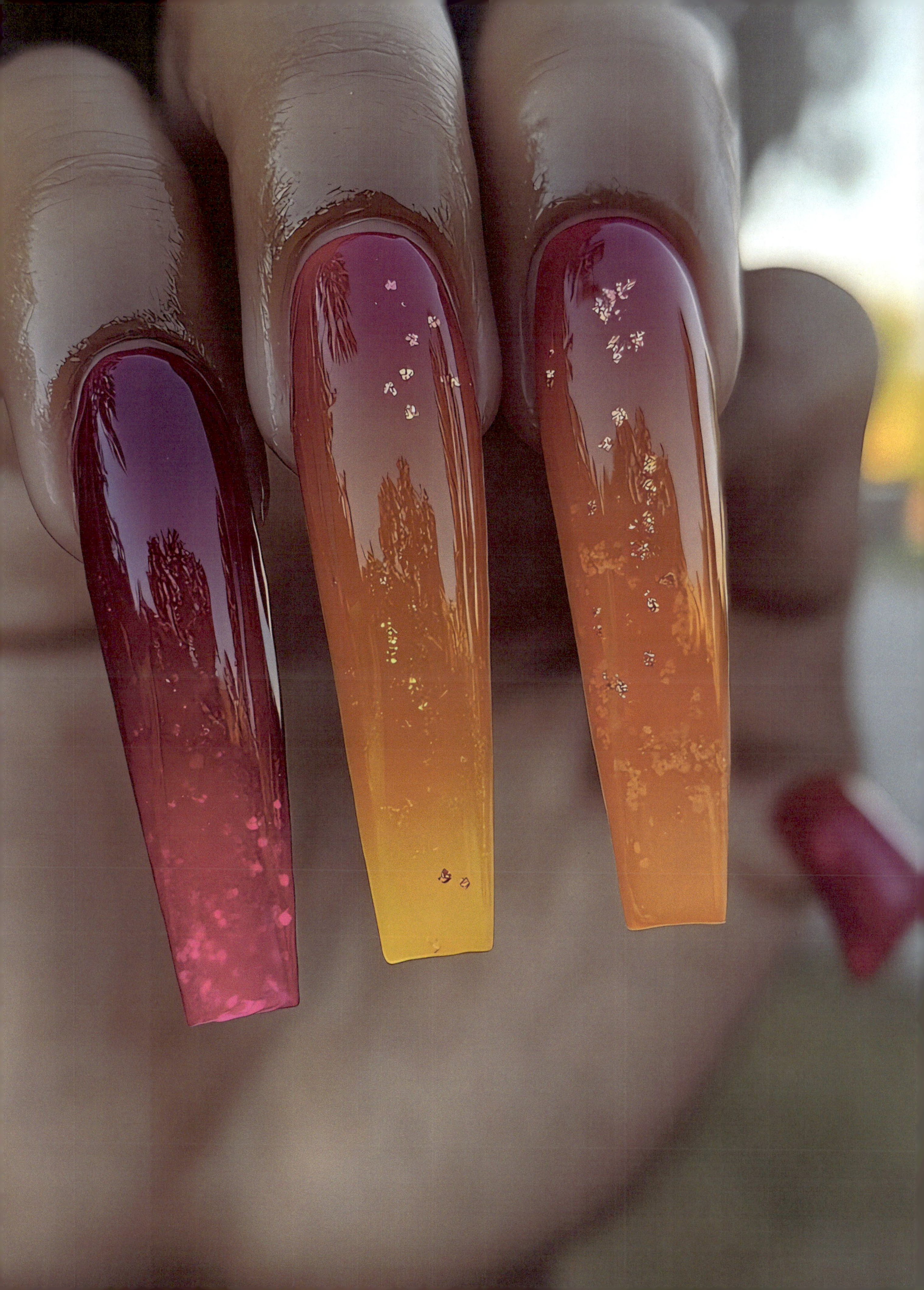

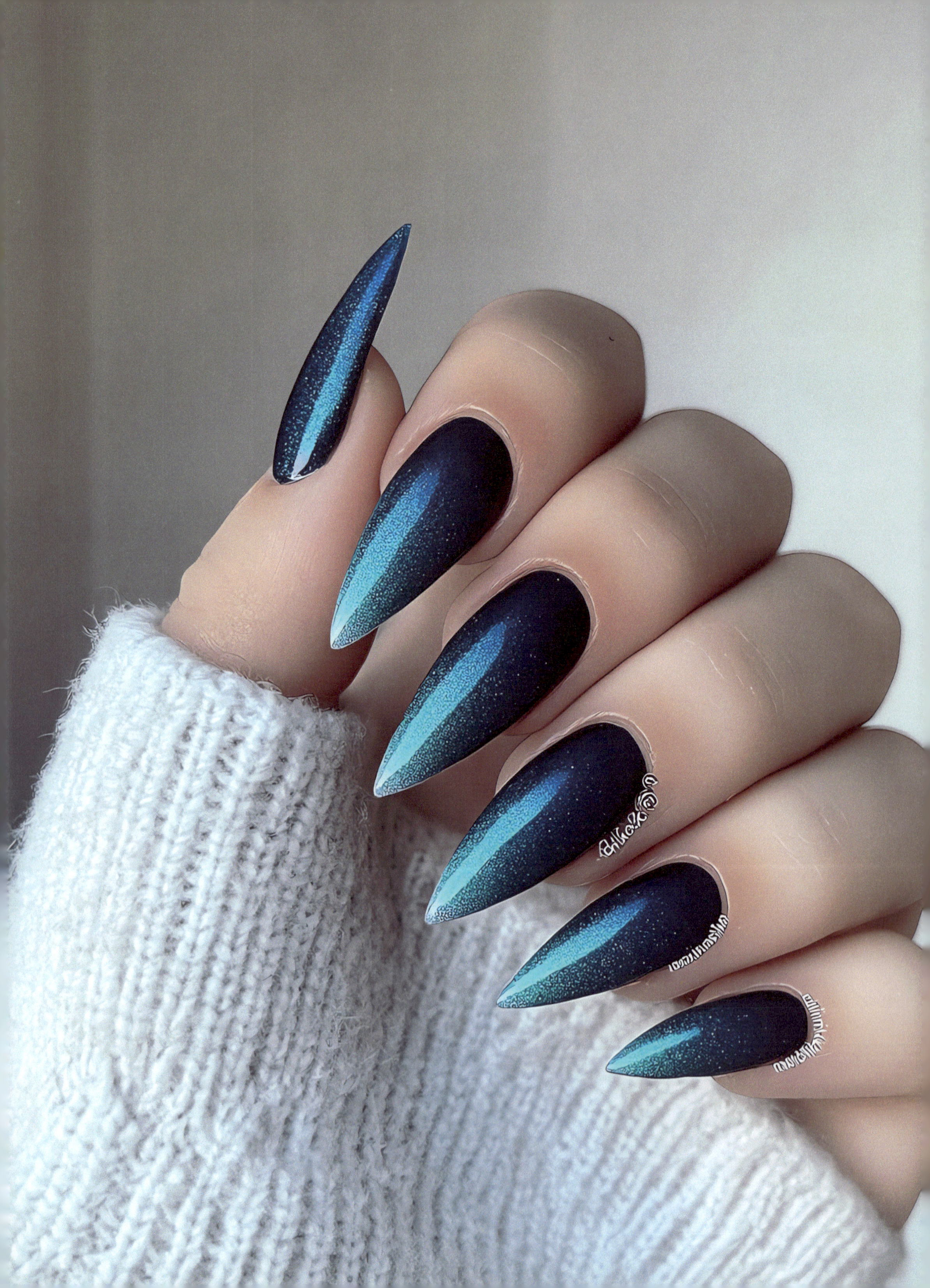

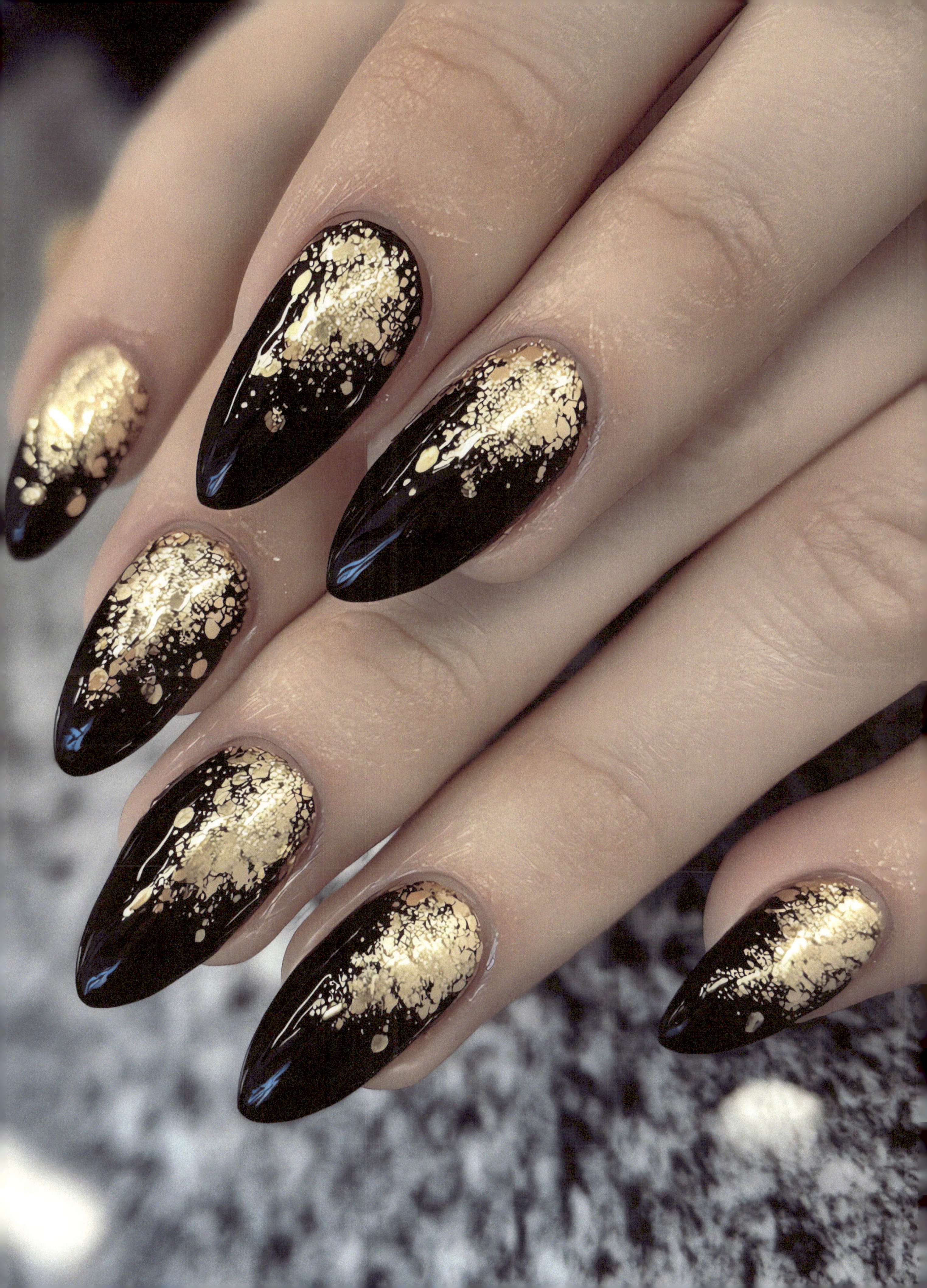

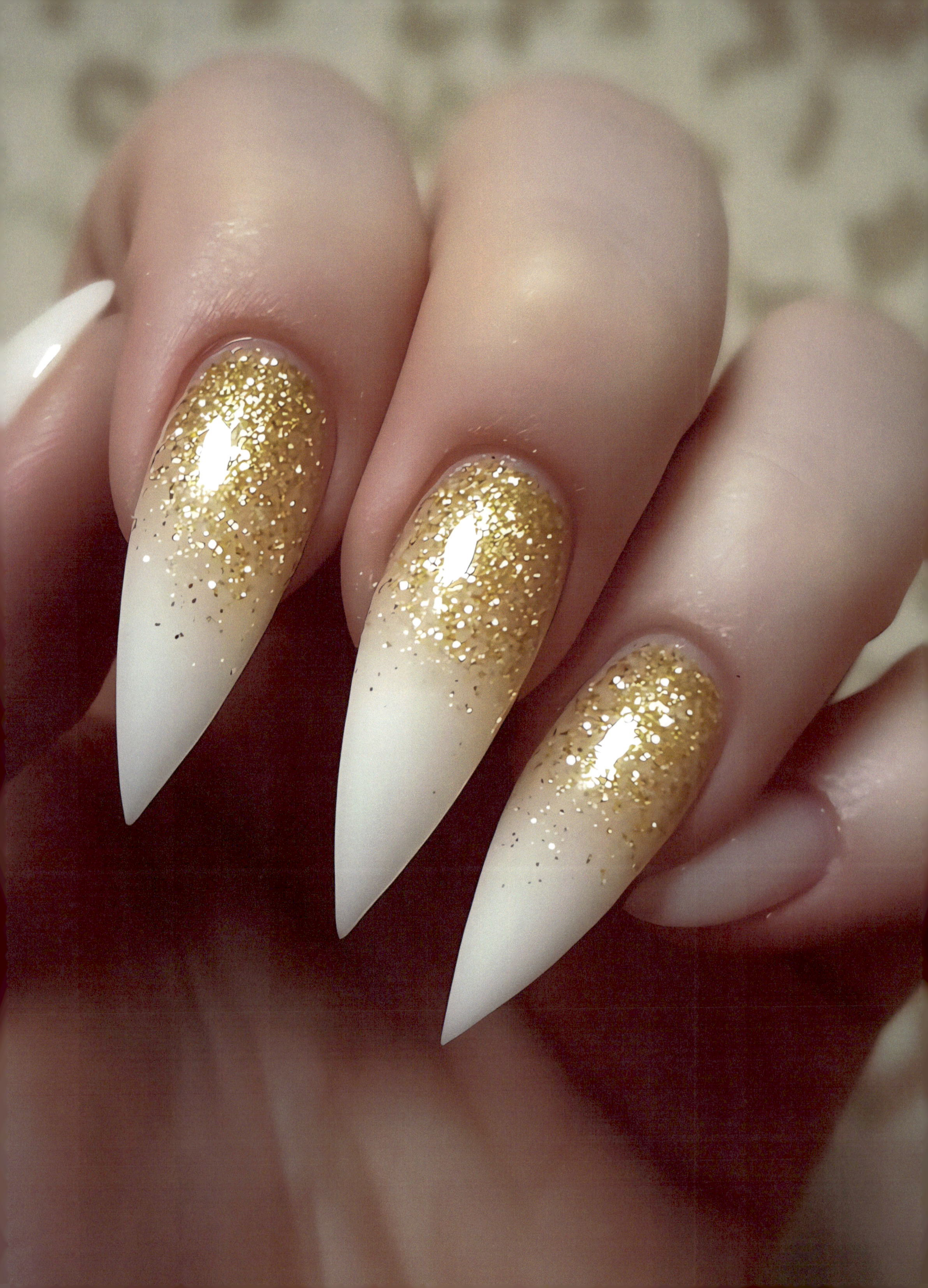

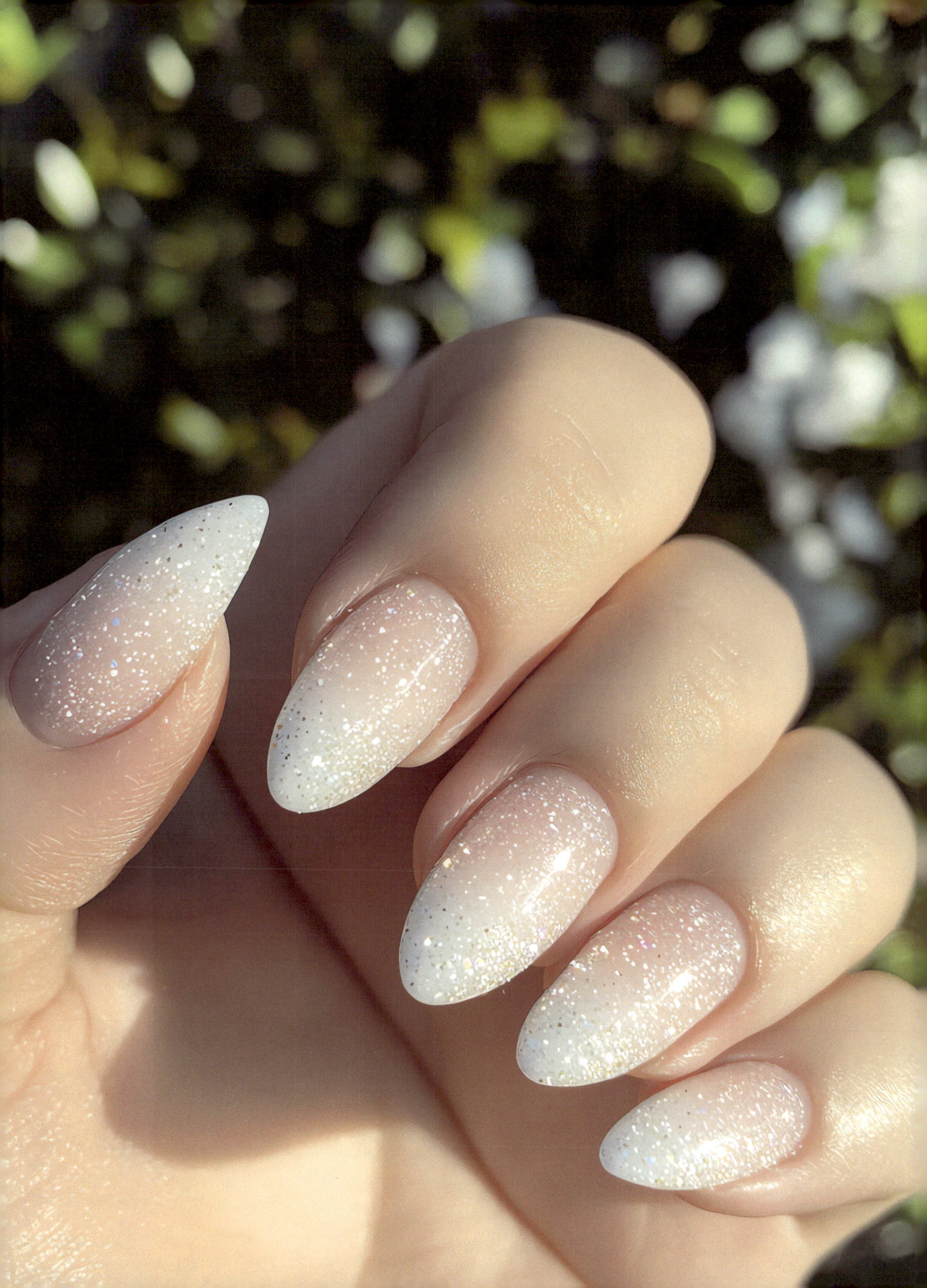

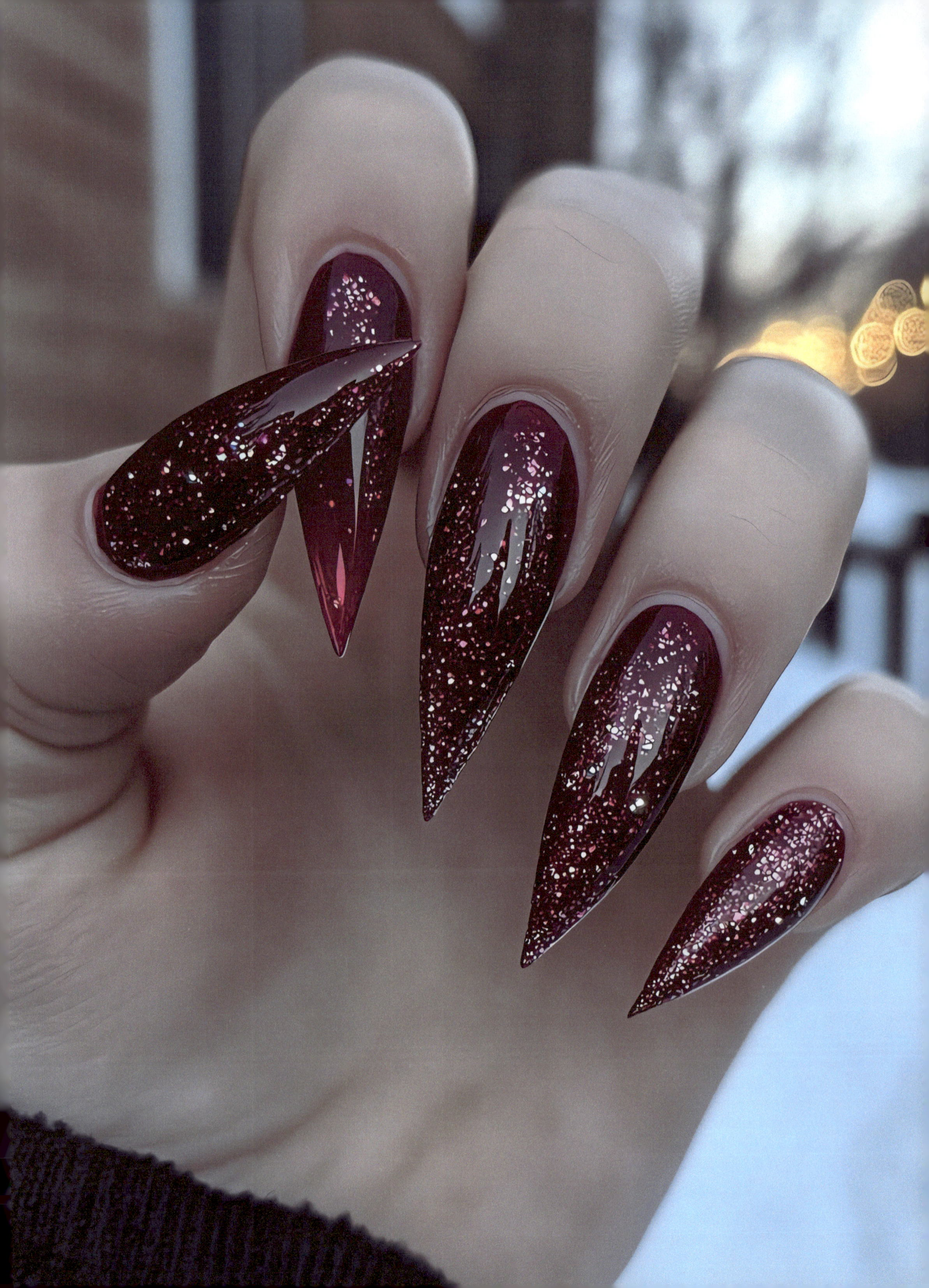

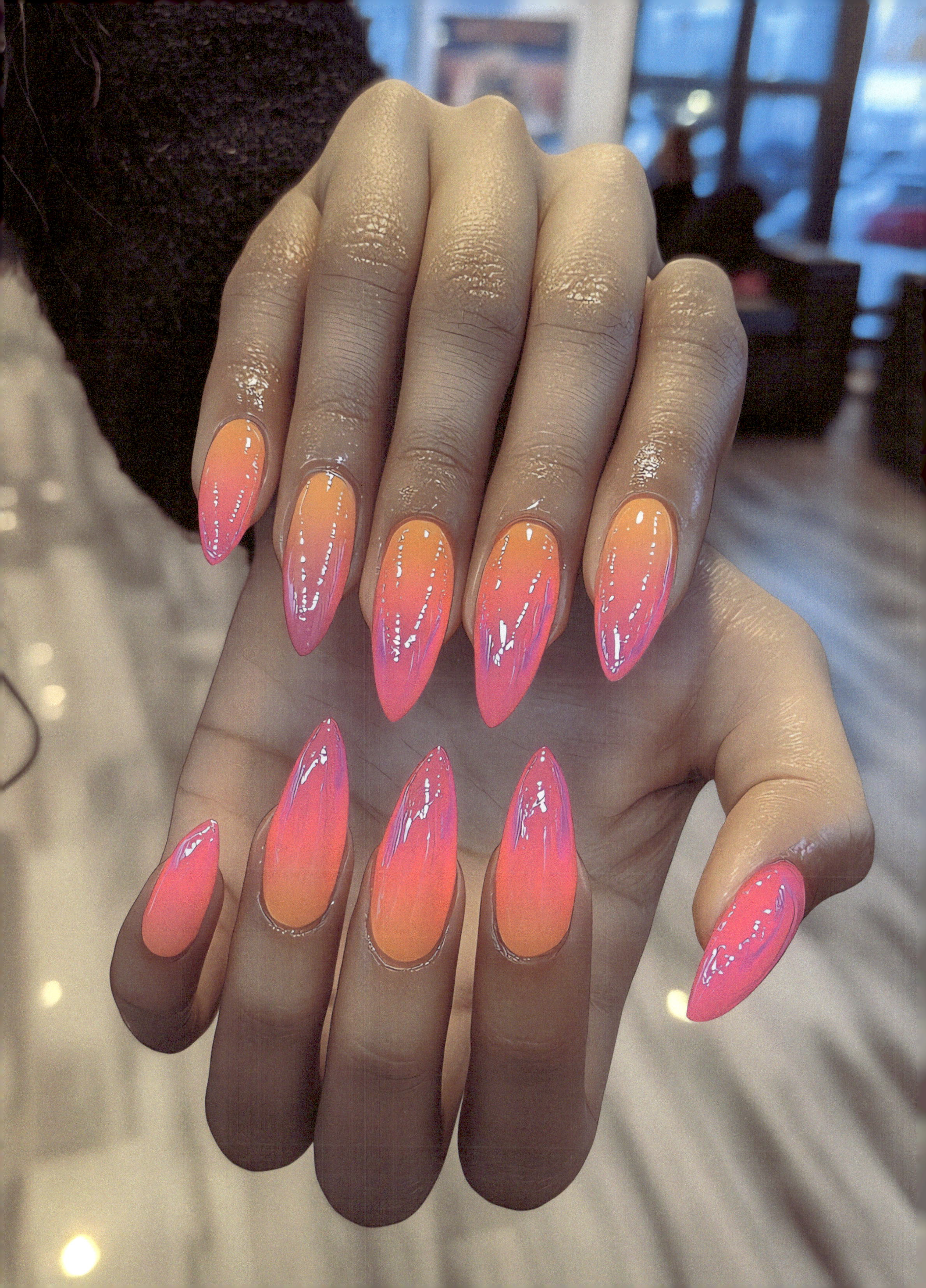

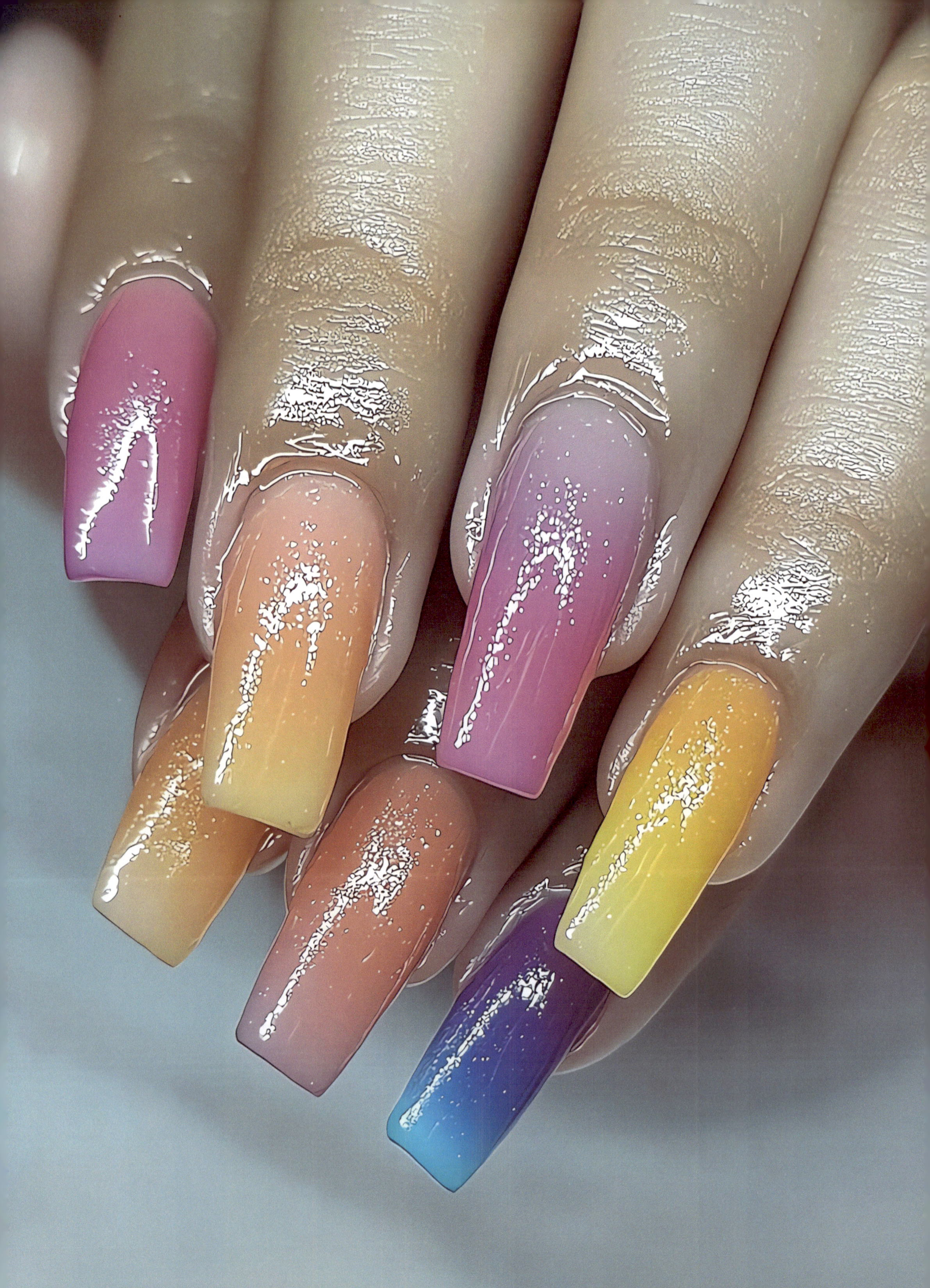

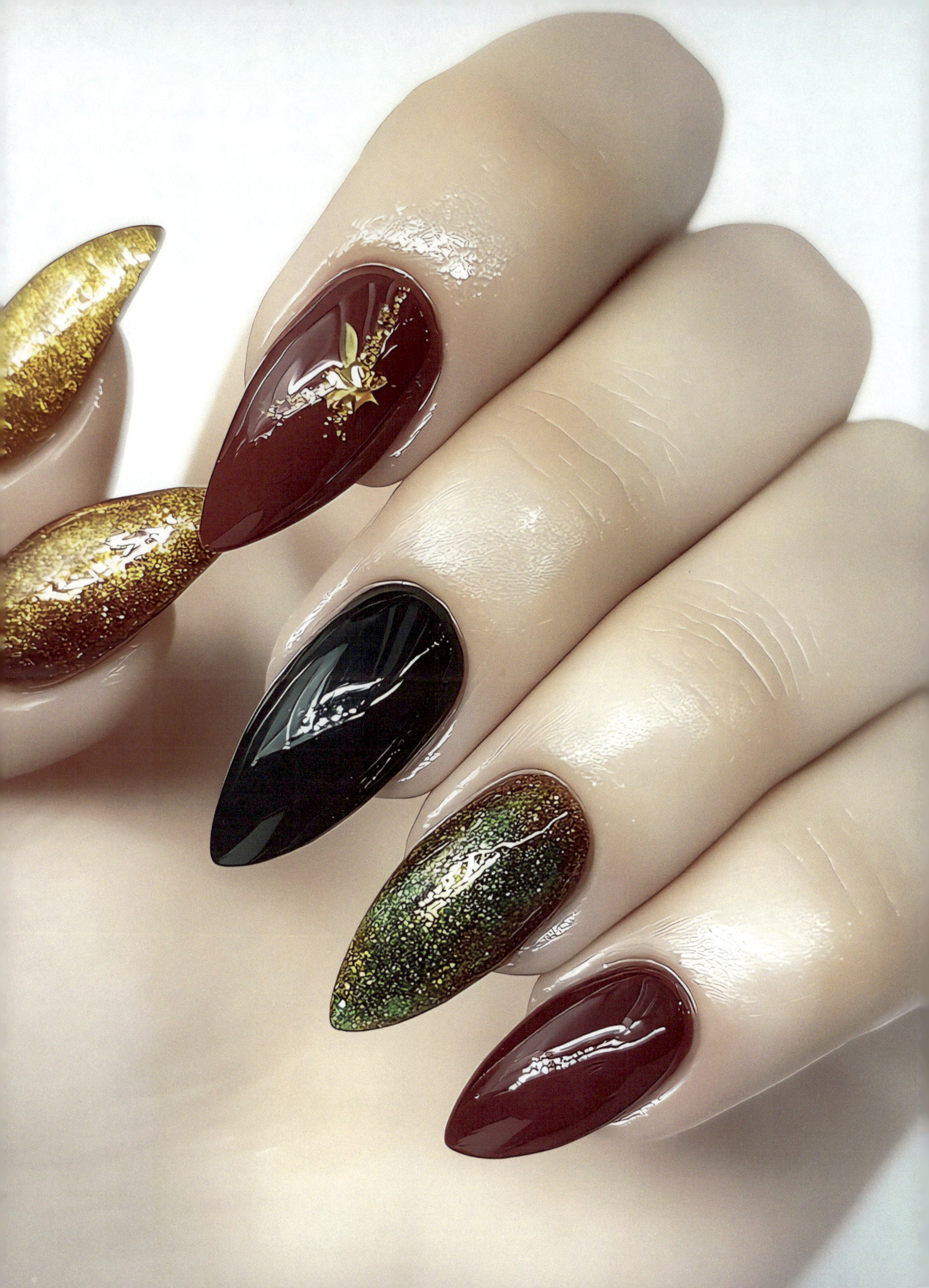

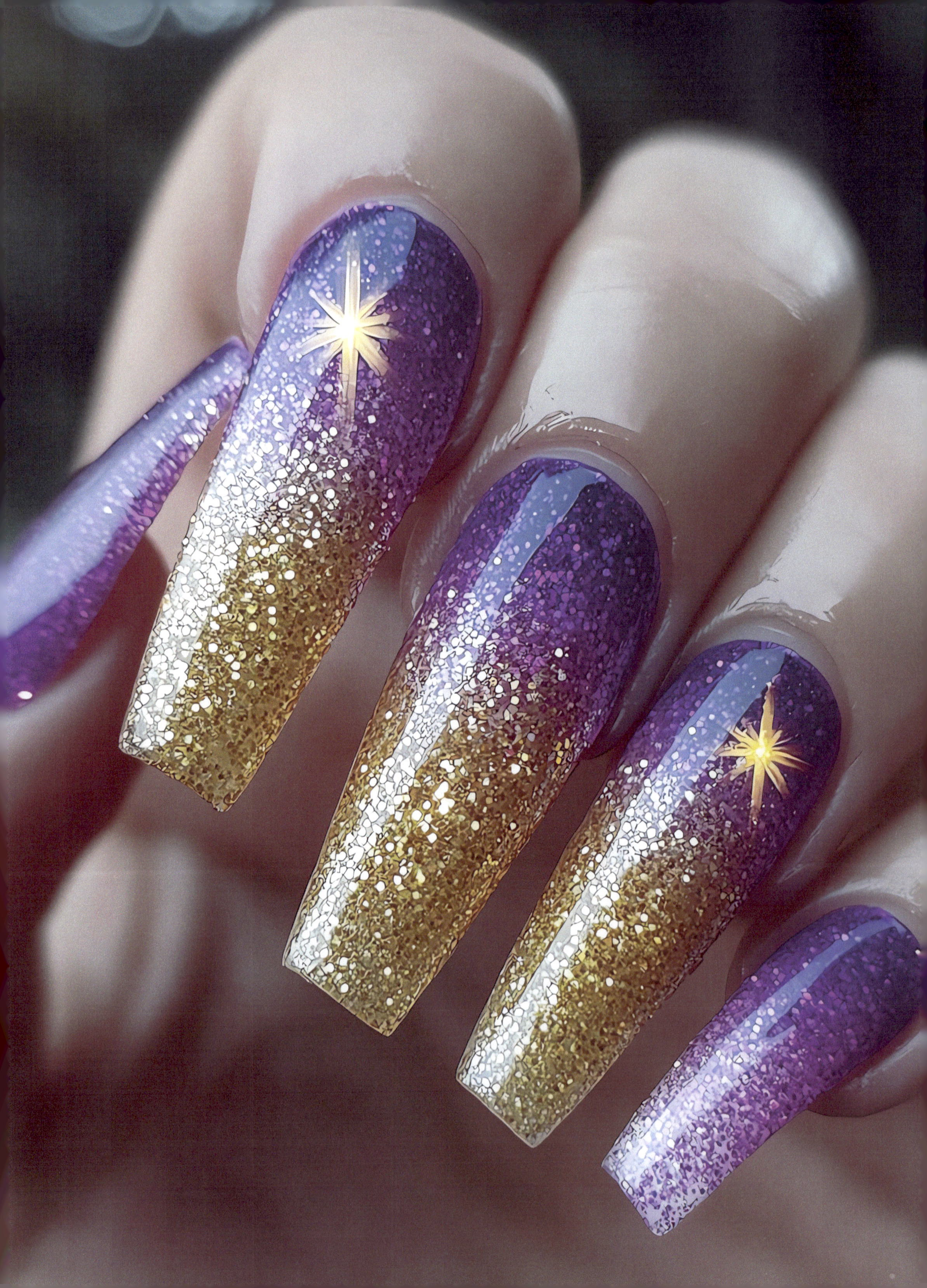

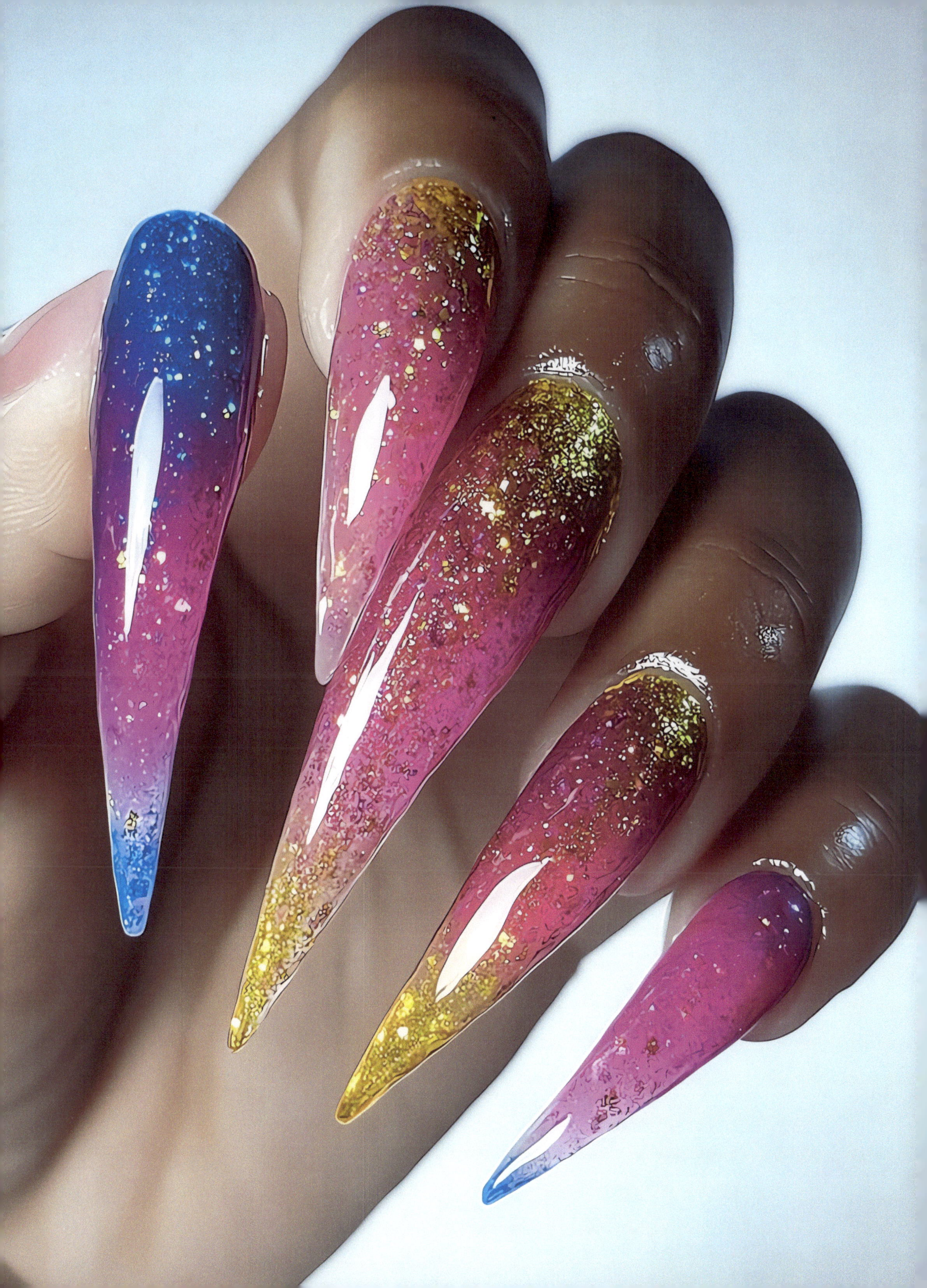

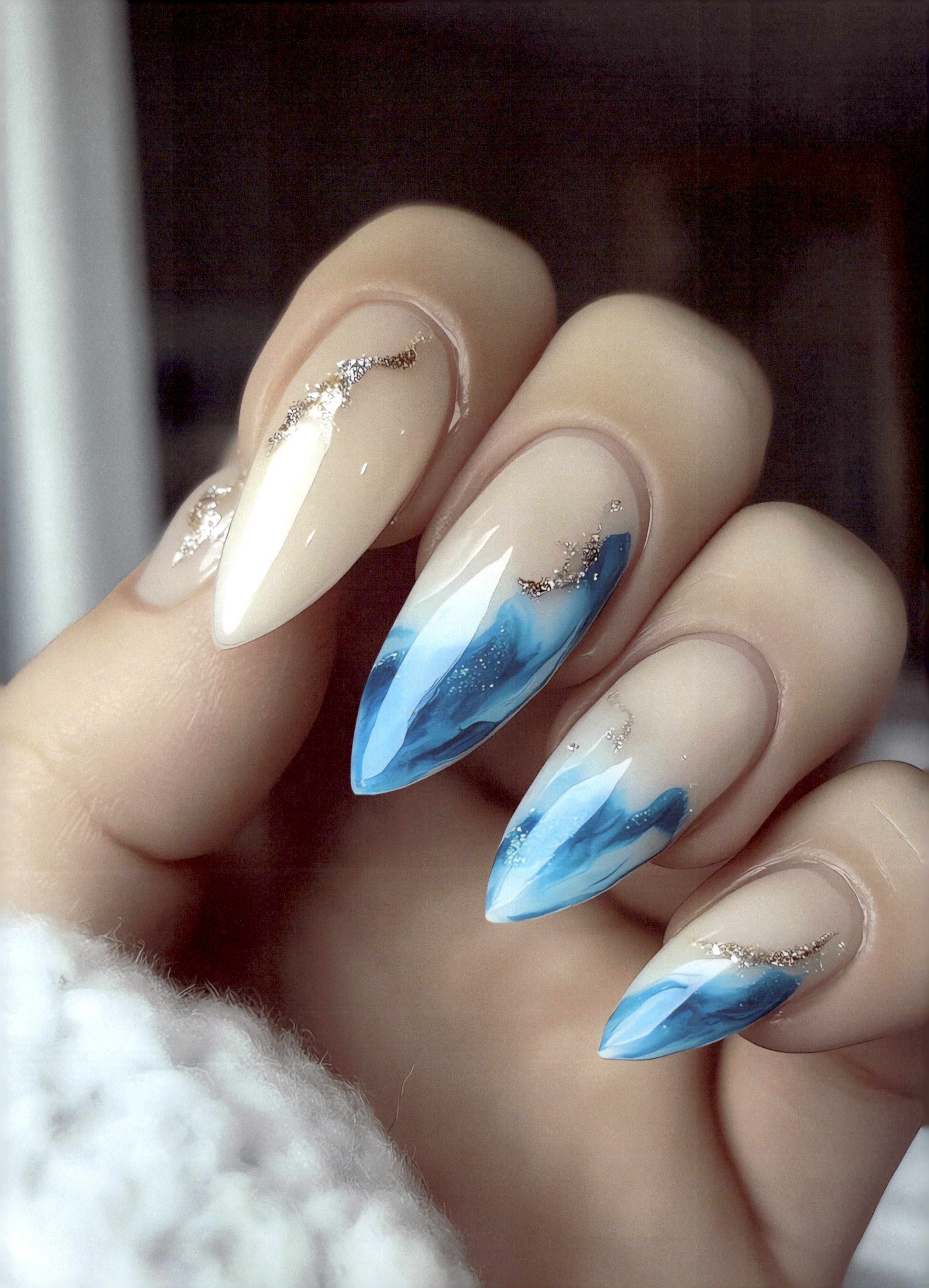

www.ingramcontent.com/pod-product-compliance
Lightning Source LLC
Chambersburg PA
CBHW040156240726
48664CB00002B/722